A TRISTEZA É BARRAQUEIRA

JULIANA ARABAGE

A TRISTEZA É BARRAQUEIRA

• TRATE-A BEM •

© Juliana Arabage, 2024
Todos os direitos desta edição reservados à Editora Labrador.

Coordenação editorial Pamela J. Oliveira
Assistência editorial Leticia Oliveira, Vanessa Nagayoshi
Capa Amanda Chagas
Projeto gráfico Marina Fodra
Diagramação Nalu Rosa
Preparação de texto Carla Sacrato
Revisão Cris Negrão

Dados Internacionais de Catalogação na Publicação (CIP)
Jéssica de Oliveira Molinari - CRB-8/9852

Arabage, Juliana
   A tristeza é barraqueira : trate-a bem / Juliana Arabage.
São Paulo : Labrador, 2024.
   128 p.

   ISBN 978-65-5625-644-3

   1. Autoajuda 2. Emoções 3. Tristeza I. Título

24-2997   CDD 158.1

Índice para catálogo sistemático:
1. Autoajuda

Labrador

Diretor-geral Daniel Pinsky
Rua Dr. José Elias, 520, sala 1
Alto da Lapa | 05083-030 | São Paulo | SP
contato@editoralabrador.com.br | (11) 3641-7446
editoralabrador.com.br

A reprodução de qualquer parte desta obra é ilegal e configura uma apropriação indevida dos direitos intelectuais e patrimoniais da autora. A editora não é responsável pelo conteúdo deste livro.
A autora conhece os fatos narrados, pelos quais é responsável, assim como se responsabiliza pelos juízos emitidos.

Prefácio

É IMPORTANTE FICAR TRISTE, MAS SÓ DE VEZ EM QUANDO!
Sei que é estranho começar assim, porque ninguém quer ficar triste. Só que essa é mais uma das duras verdades da vida, da qual a gente tem que dar conta, até porque, quase sempre, crescemos muito após um período assim.

Antes de te explicar sobre isso, acho importante dizer como cheguei até aqui.

Em plena pandemia de covid-19, eu navegava no TikTok e assistia a um vídeo seguido do outro até que me apareceu uma pessoa muito simpática, claramente inteligente e, o melhor, "sincerona"!

Pensei: "Ahhhh, meu Deus! Existe vida inteligente nessa bendita rede!".

Ouvi a Juliana Arabage e logo percebi que ali, naquele perfil, encontraria uma voz ativa falando sem medo de ofender, mas com o carinho necessário para bater na minha cara e eu ainda agradecer, dar um like e compartilhar. Aquela sinceridade – por vezes dolorosa, mas necessária – que só um bom terapeuta sabe te entregar.

Trabalho, crenças, amores, desamores, família... PQP! É tanto B.O., um seguido do outro, que a terapia é o momento do refrigério semanal. Depois daqueles 50 minutos valiosos, mesmo que a cabeça saia fritando, o coração se acalma e coloca tudo para fora. Tenta entender como arrumar a bagunça e a separar as caixinhas da vida (até porque algumas misturas podem te dar uma ressaca danada!).

As postagens da Juliana nas redes sociais são a pontinha de algo muito maior que acontece em seu consultório e que é também um excelente jeito de dialogar e refletir sobre as confusões das nossas vidas.

Virei seu seguidor assíduo no Instagram. Então, a convidei para ser a prefacista do meu quarto livro *Perdão e paz – para os dias de dor*. A história que escrevi não tem a tristeza como atriz principal, mas fala muito dela e do peso de carregá-la anos afora.

Para minha alegria, a Ju aceitou fazer o tal prefácio, e eis que estou aqui agora, escrevendo para ela e para você que nos lê.

Voltando à tristeza – a grande estrela deste livro –, apesar de ela ser uma presença inconveniente, com o tempo, ela nos ensina a encontrar e a entender os nossos limites para tudo e para todos. Principalmente para nós mesmos.

Quando recebi o convite da Juliana para prefaciar este livro (além da alegria por esse privilégio), muitas memórias de tristeza me vieram à tona. Com a leitura do seu texto, vários filmes foram reprisados em mim. Em todos esses momentos, de alguma maneira, entendi um pouco mais sobre limites: sejam os do outro sobre mim; da dor que suporto; das palavras que aceito; ou da indiferença que pode me ferir – ou me ajudar.

Assim como você, eu e o resto do mundo já passamos por momentos tristes. Em boa parte deles, a tristeza age como um parente que vem passar o fim de semana na nossa casa, mas resolve ficar até o fim do mês: atrapalha tudo, e nossos planos vão por água abaixo.

Como a tristeza não é igual àquela tia sensata que avisa quando vem, é de repente mesmo que ela chega e faz uma grande bagunça!

Acredito, inclusive, que não exista tristeza que não faça baderna – e é por conta disso que às vezes a confundimos com cansaço, desânimo, raiva ou decepção. Misturamos as emoções, e é aí que a coisa fica feia.

Quando a gente coloca todos os sentimentos no mesmo saco, também se misturam os caminhos, a visão fica turva, e é difícil seguir. Nessa hora, a tristeza mostra o quanto ela é barraqueira e pode nos envergonhar – e o dia seguinte pode vir acompanhado de uma grande ressaca!

Entender a sua tristeza é fundamental para acolhê-la no tempo necessário do luto, do aprendizado e da partida. Sim, ela tem que ir embora. Não se apegue! E não apresse a despedida, pois isso o impedirá de tirar algum proveito do que está vivendo. Aqui é importante ter o cuidado de não entrar no "papinho gratiluz" e na "positividade tóxica", que são pura bobagem.

Com a tristeza, também aprendemos sobre nossas reações. Este é um tempo valioso, já que, se tudo der certo e não dermos bobeira, a tristeza não voltará da mesma forma. Não é que não ficaremos tristes novamente, mas provavelmente não sofreremos pelos mesmíssimos motivos e da mesma maneira, entende?

Eu não sei você, mas quantas e quantas vezes eu tive reações idiotas que, se minha melhor amiga estivesse ao meu lado, ela certamente me daria aquela olhada educativa? Por isso, não importa o momento nem o estado em que você se encontre, seja triste ou alegre, tenha seus verdadeiros amores por perto e saiba dizer a eles: "Eu preciso de ajuda!".

Não necessariamente com essa literalidade, mas crie linguagens claras que demonstrem o quanto está vulnerável e precisando de apoio. Se os antigos sábios já diziam que "há tempo para tudo", então fique calmo, há tempo para a tristeza, mas há tempo para a cura e a alegria também.

Entre duas montanhas sempre existirá um vale, não o atravesse sozinho. Procure amigos, faça exercícios, coma saudável, converse com o seu Deus, faça terapia.

E já que estou aqui, cheio dos conselhos, o meu último é: mais do que ler este livro, estude cada capítulo. Ler é diferente de estudar. Sou professor há mais de 20 anos e isso eu posso te garantir.

Então, estude. Entenda os relatos, se coloque no lugar, pense nas saídas. Aprenda um pouquinho mais sobre a tristeza barraqueira e a alegria de conduzir a sua própria vida.

Boa leitura, bons estudos!

LUCIANO ARAÚJO
Professor, escritor e consultor de estratégia empresarial
@LucianoAraujoPro

A tristeza é barraqueira. Trate-a bem

VAMOS COMEÇAR SEM DELONGAS: FICAR TRISTE É UMA MERDA. Muito embora precisemos conviver com a tristeza ao longo de uma vida todinha, não é sua companhia persistente que a torna legal. Aliás, é justamente o contrário: o fato de ela chegar sem ser convidada e ficar longos dias pendurada em nosso cangote são os pontos que a tornam tudo, menos legal.

Este livro vai falar mal da tristeza. Vai elogiá-la também, porque, mesmo chata e inconveniente, ela até tem alguns talentos. Mas nós iremos, sobretudo, falar **sobre ela**.

É esse o ponto: as pessoas não costumam falar sobre a tristeza. Ela é sentida e ouvida nas músicas que colocamos para apreciar uma boa fossa enquanto choramos no chuveiro, mas ninguém para um pouco para se dedicar a falar sobre a mais pentelha das emoções.

Pois bem, já imaginou assistir a um filme de terror todos os dias?

No primeiro dia, muitos sustos, uma luz do corredor acesa – porque ninguém é de ferro – e um medo bobo, porém enorme, de ir ao banheiro de madrugada para fazer xixi.

No dia dois, você já se assusta menos, mas ainda faz pipoca e prepara o sofá.

Acontece que, conforme os dias passam, já não tem mais pipoca na sua casa, e você também não comprou mais para repor. Você já consegue assistir às cenas mais arrepiantes pensando no que vai jantar logo em seguida e se perguntando se deveria mesmo ter descongelado aquela bandeja de frango, porque está com uma preguiça danada de cozinhar. Você dá umas olhadas nas redes sociais, responde às mensagens de alguns amigos e programa o despertador para o dia seguinte. Você olha para a televisão e... nossa! A tela já está nos créditos, com opções de trailers de filmes que o algoritmo do *streaming* está te sugerindo. *Nenhum susto hoje*, você pensa.

Este livro serve para isso: vamos falar tanto sobre a tristeza que você será capaz de olhar para ela e chamá-la pelo nome e sobrenome – ainda sem chamá-la de *amiga*, é claro. Contudo, você vai aprender a tratá-la de uma maneira que te favoreça – e que fique claro: você será gentil com a sua tristeza por puro interesse mesmo.

Talvez este livro te salve. Não por conter uma receita para a felicidade, mas por abrir caminhos para saber lidar com uma emoção tão rebelde.

A tristeza é como aquela sua tia sensível, que se ofende com tudo e com quem todo mundo pisa em ovos. Ela é chata, então você só a vê nas datas festivas, quando reúnem a família. E basta vê-la para que você se lembre de que a sua espontaneidade precisa ir para o brejo a fim de que não se inicie a Terceira Guerra Mundial em pleno almoço de Páscoa.

Para falar a verdade, você é mais bacana com essa tia do que com absolutamente todas as outras pessoas que conhece, não porque ela merece um caminhão de afeto, mas para você ter paz.

Que você aprenda a enxergar a sua tristeza desse modo. Afinal, vale lembrar: a tristeza é barraqueira. Trate-a bem.

O post que começou tudo

Página 1 do post carrossel, de 17 de abril de 2023, em @julianaarabage.

Página 2 do post carrossel, de 17 de abril de 2023, em @julianaarabage.

> Você NÃO PRECISA contar todas as suas angústias para os outros.
>
> Mas é FUNDAMENTAL que você conte absolutamente tudo PRA VOCÊ MESMO.

Página 3 do post carrossel, de 17 de abril de 2023, em @julianaarabage.

> Se hoje o dia está complicado, coma aquele prato preferido, ouça aquela música que ama, tome um banho gostoso, peça colo.
>
> ADMITIR que não está bem é o primeiro passo para FICAR BEM DE NOVO.

Página 4 do post carrossel, de 17 de abril de 2023, em @julianaarabage.

> A tristeza NÃO SOME
> se você SE ESCONDE dela.
> Ela fica tocando a sua campainha,
> fazendo barraco.
>
> ABRA A PORTA PRA ELA.
> Mas avise-a que ela é uma
> VISITA.

Página 5 do post carrossel, de
17 de abril de 2023, em @julianaarabage.

> Se você faz TERAPIA,
> você chama a sua tristeza pelo nome.
> Ela é CHATA, mas você sabe o porquê
> de ela estar ali.
>
> Ela se hospeda no seu peito,
> faz barulho, atrapalha a sua rotina,
> te impede de dormir. A tristeza é
> INCONVENIENTE.

Página 6 do post carrossel, de
17 de abril de 2023, em @julianaarabage.

> Vocês convivem e conversam.
> Você sempre CHORA quando conversa com ela. Que saco isso!
>
> Um belo dia você acorda..
> e ela foi embora.
>
> SEM BARRACO. ELA SÓ FOI.

Página 7 do post carrossel, de
17 de abril de 2023, em @julianaarabage.

> Você arruma a bagunça que ela deixou.
> Aff, que bagunceira!!!!
> Tá tudo FORA DO LUGAR!
>
> Aí o apetite volta.
> O sorriso volta.
> As noites de sono voltam.
> E você está, finalmente,
> FELIZ.

Página 8 do post carrossel, de
17 de abril de 2023, em @julianaarabage.

Da série "ele entrou com o pé, e eu entrei com a bunda": ele nem me levou para dirigir

O ANO ERA 2003, E EU TINHA DEZESSEIS ANOS. Posso dizer que eu era bem desmiolada, com muito fogo no rabo e o juízo de um frango — combinação que me levava a fazer algumas cagadas.

Me lembro bem de quando conheci aquela criatura: cabelos lisos, castanho-claros, cortados daquele jeito "jogadinho" que ele adorava enfatizar quando passava a mão pelos fios levando-os para trás. Os olhos eram claros — já nem me lembro se verdes ou azuis — e ele tinha uma cara de encrenca que deveria ter sido suficiente para que eu não caísse naquela emboscada. Pois bem, é claro que eu caí.

Me apaixonei por ele no primeiro beijo, e fomos ficando, ficando... Eu era virgem à época e fui descobrindo cada novidade do meu corpo com ele. Hoje, tantos anos depois, vejo que ele não fazia ideia do quanto aquilo tudo estava sendo importante para mim. Afinal, eu estava me experimentando sexualmente a cada vez que saíamos para dar uns amassos pelos cantos da cidade, dentro do Palio azul que ele tinha. Falando do carro dele, eu estava animadíssima porque ele havia prometido que me levaria para dirigir. Sim, era uma cidade do interior, e as ruas mais vazias eram lugares perfeitos para uma adolescente como eu deixar o carro morrer um milhão de vezes sem bloquear o trânsito, sem passar vergonha e sem a cobrança das buzinas ao redor. Obviamente, eu me imaginava nas cenas mais perfeitas com ele: eu dirigindo o tal Palio azul, e ele ali do lado, me incentivando e me dando um beijo demorado quando eu acertasse na baliza.

Estávamos naquele limbo das preliminares: aquela fase em que duas pessoas sabem que o *grand finale* vai rolar a qualquer momento entre uma ficada e outra. Era como se, pouco a pouco, eu estivesse entregando um tesouro para ele – porque, embora eu sempre tenha sido "pra frentex", nessa questão do amor, eu ainda era bem menina. E eu me sentia segura e feliz ao imaginar a minha primeira vez com ele. Mas, como diz Jorge Aragão: "Aí foi que o barraco desabou",[1] e eu explico o meu primeiro pé na bunda nas próximas linhas.

Que ele era, digamos, espertinho, eu já tinha percebido: trabalhava como vendedor no shopping da cidade, sempre articulado, bom demais convencendo os clientes. Ele também parecia estar sempre fazendo mais de uma coisa ao mesmo tempo, como se o cérebro desse meu *crush* fosse movido a simultaneidade: enquanto ele dirigia, mandava SMS para os amigos; enquanto atendia um cliente, reparava no outro que estava diante da vitrine; e enquanto estava comigo, parecia também estar em outro lugar.

Insegurança minha, pensei. Vinte anos depois, percebo que o meu inconsciente estava berrando a plenos pulmões, tentando me alertar que algo ali não estava se encaixando.

E eu ouvi? Claro que não.

Em um sábado à noite, por telefone, ele me disse que estava com dor de cabeça e que iria ficar quieto e dormir. Eu iria comer

---

[1] "Eu e você sempre", canção de Jorge Aragão, lançada em 2000.

uma pizza em casa com algumas amigas e dividi esses planos com ele. Nos despedimos e, pouco depois de desligarmos a chamada, um outro grupo de amigas me chamou para ir a uma boate, usando aquele argumento infalível de "Amiga, nada de comer pizza em casa, estamos na idade de aproveitar! Se arruma, e umas dez te pego aí".

Será que aviso o crush que os planos mudaram?, pensei. *Ah, ele está indisposto e deve estar descansando. Amanhã eu conto que saí com as meninas.*

Rímel, sombra e blush depois, fui de carona com a minha amiga para a tal boate que ficava no estacionamento de um shopping – ainda me lembro da planta do local, cada porta e cada pilastra, tantas foram as vezes em que fui para lá e dancei até amanhecer.

Como era noite de sábado, havia uma fila considerável para entrar, e ficamos ali conversando, rindo, olhando as pessoas que chegavam, reparando no casal que tinha descido de um Palio azul, observando que o tal casal andava de mãos dadas até a fila onde estávamos, notando quando a moça passou os dedos nos cabelos castanho-claros do moço e constatando que aquilo ali havia se tornado a execução pública do meu coração.

Não vou dizer que meu coração parou por alguns instantes, como consta na expressão piegas dos desenganados. Muito pelo contrário: ele disparou e deu uns solavancos, quase como se o meu corpo inteiro estivesse se preparando para dois cenários: lutar ou fugir. Mas, mesmo fodida, eu não sou muito de fugir, sabe?

Como quem brota do chão, apareci na frente do casal. Ele me olhou com uma expressão de quem tinha perdido a própria alma, e a sua pele – que já era bem branca – ficou pálida num tom de quase-morte.

Reunindo a pouca dignidade que me restava – porque a minha vontade mesmo era de quebrar a cara dele – eu cumprimentei os dois, me apresentando como "uma amiga".

Ela foi uma fofa, *super* simpática e educada. Ela era linda. Ele sorriu de nervoso, e eu fui visitada por um desejo tentador de arrancar cada um daqueles dentes dele com o alicate que eu sabia que existia na caixa de ferramentas da garagem lá de casa. Sem anestesia, obviamente.

Voltei para a fila, onde minhas amigas me olhavam com uma expressão que misturava sororidade e pena. Me abraçaram. Eu não chorei.

Já dentro da boate, vi os dois se beijando e dançando. A verdade é que eles eram lindos juntos, eles tinham uma sintonia, sei lá. Fui para o banheiro e, tampando uma das orelhas com a mão, encostei o celular tijolão no rosto quente de ódio e amor: "Mãe, vem me buscar?", implorei.

Entrei no carro, fechei a porta e olhei para ela, que tem os olhos verdes mais lindos do mundo. Ela me perguntou se eu estava bem, enquanto meu rímel começava a escorrer pelas minhas bochechas cheias de blush. E eu chorei de soluçar.

No dia seguinte, ela me encarou com uma certa piedade quando desci as escadas rumo à cozinha para tomar o café da manhã.

Sustentei o olhar com a minha cara amassada e percebi que eu estava meio corcunda, curvada pela vergonha, pela tristeza, pelo abandono. Não havia, na minha perspectiva, uma maneira de atravessar aquele *merdeiro* de cabeça erguida.

Eis que minha mãe – talvez percebendo o quão em frangalhos eu estava – diz: "Se arrume e coloque um tênis confortável, com cadarços bem amarrados. Vou te levar para dirigir".

Bebi meu café com leite às pressas e, minutos depois, eu já estava na garagem, pronta, com o coração na garganta. Eu havia comentado com ela sobre a promessa do tal cretino e o quanto estava entusiasmada com isso.

Em um ato de proteção ao que restava de mim, naquela manhã, ela me mostrou que podemos, sim, viver os sonhos com outros personagens. Bastaria que eu estivesse ali, então o sonho também estaria.

Naquele dia, ela me ensinou a me resgatar. E eu jamais vou me esquecer disso.

Fomos dirigir e, embora ela estivesse um pouco apavorada com o meu pé pesado, o passeio foi uma delícia. Na realidade, demos boas risadas porque ela passou o tempo inteirinho segurando o freio de mão, pronta para nos salvar de uma desgraça – ou nos conduzir a um "cavalinho de pau" a qualquer momento.

Antes do almoço, eu havia treinado rampa, feito uma baliza horrorosa, que nos rendeu muitas gargalhadas, e havia, sobretudo, me lembrado de quem eu sempre fui: uma pessoa. E isso, é claro, incluía sentimentos dos quais eu não podia me esquivar.

Ali, no carro da minha mãe, em meio às minhas barbeiragens de motorista iniciante, eu entendi que as risadas tinham um lugar importante, mas que as lágrimas também precisavam de espaço. Me percebi inteira e incompleta ao mesmo tempo. E quis, desesperadamente, voltar para poder chorar no meu quarto.

Decidi me afastar das baladas, dos churrascos com o pessoal, das idas ao shopping onde ele trabalhava. Passei dois meses sem pisar no santuário de compras daquela cidade, justamente porque, ao longo desses sessenta dias, eu simplesmente não saberia como agir caso me deparasse com ele ao virar em um corredor qualquer. Eu, certamente, não estava pronta para ver aqueles olhos ou-verdes-ou-azuis me encarando de volta através de uma vitrine. Então, aproveitei esse período para chorar. E eu chorei muito, muito mesmo.

Chorei de raiva, chorei de saudade, chorei de dó daquele amor tão bonito que eu ia vendo se escoar ralo abaixo dia após dia. Chorei porque sim.

Até que, um belo dia, eu não quis chorar mais. Desci as escadas correndo, com o coração na garganta novamente – mas, desta vez, por um motivo diferente.

"Mãe, me leva pro shopping?", eu pedi, confiante.

Ela sorriu e entendeu o que aquilo significava para mim. No trajeto, ela segurou a minha mão esquerda – que tremia um pouquinho – e perguntou se eu estava bem. Eu disse que sim.

Caminhei a passos largos e ansiosos rumo à loja dele. Confesso que eu estava tão focada que não teria notado caso houvesse um rinoceronte em alguma das vitrines pelas quais passei. Eu só queria acabar logo com aquilo e encerrar aquele ciclo tão doloroso para mim.

Parei diante da vitrine e olhei para dentro da loja. Ele estava ali, anotando alguma coisa em um caderno, com a cabeça baixa e o cabelo jogado.

Esperei, respirando fundo. Imóvel. Morrendo de medo de ainda ser cedo, de haver me precipitado e de sair daquele shopping me sentindo uma miserável, como na noite em que o vi com outra.

Ele levantou a cabeça, me viu, me olhou. Largou o caderno e a caneta e veio andando em direção a mim. Acho que meu coração parou por um instante, porque eu me lembro de ter me sentido morta por um segundo ou dois. Ele deu um sorriso e falou: "Oi, pessoa!".

Eu disse "Oi", o cumprimentei com beijinhos nas bochechas e disse que estava apenas passando por ali – embora aquele momento fosse o único motivo de eu ter saído de casa naquele dia (mas ele não precisava saber disso).

Me despedi, ele me abraçou, e eu senti o cheiro dele. Senti saudade, senti raiva e também senti um profundo amor por mim mesma.

E ali, naquele shopping de interior, com menos de duas décadas de vida, eu entendi o que significa amor-próprio. Ali eu aprendi que a maior e mais dolorosa saudade que podemos sentir é a de nós mesmos, porque a gente se perde às vezes.

Ali, a tristeza barraqueira também se despediu de mim, levando nos ombros a trouxa de coisas que havia usado nos dois meses em que passou ao meu lado.

E eu me vi, finalmente, pronta para seguir.

É "de berço": sobre as nossas emoções primárias

NOSSAS EMOÇÕES MAIS BÁSICAS estão belissimamente ilustradas na animação *Divertida Mente* da Disney: raiva, medo, nojo, alegria e tristeza.

Falar sobre emoções primárias envolve compreender para que elas servem: desde que nascemos, estamos habilitados a expressar e a reconhecer essas cinco principais, e essa capacidade de contar para o outro sobre como nos sentimos e de compreendermos o que o outro sente – ainda que seja através de expressões faciais – nos mantém vivos.

Sim, o papo aqui é no âmbito da sobrevivência. Isso porque nosso cérebro é treinado para detectar qualquer coisa que possa nos ameaçar ou nos colocar em situações que serão muito complicadas de serem resolvidas.

Por exemplo, se você percebe o olhar de nojo de uma pessoa para um prato de comida em um restaurante, você pensará duas vezes antes de entrar e abrir o cardápio com aquele QR code irritante. (Parênteses aqui para dizer que meu coração ainda não aceitou que os cardápios de papel estejam entrando em extinção diante de nossos olhos. É só um desabafo. Obrigada.)

Em outra ocasião, se você está viajando de avião e percebe que a aeromoça está com cara de apavorada, meu bem, aperte os cintos e reze todas as preces que conhecer; se você nota que alguém está feliz, seu cérebro logo dá um jeitinho de liberar neurotransmissores que provocam bem-estar, justamente porque nossos neurônios sempre preferirão um mundo ao estilo "mar de rosas"; ao ver uma pessoa te encarando com raiva, você levará milissegundos para decidir se deve ficar e lutar ou se é melhor fugir – embora às vezes fiquemos travados sem, necessariamente, estarmos prontos para a luta (isso é péssimo, já aconteceu com você?); e, por fim, ao percebermos que o outro está triste, nos sentimos compelidos pela Mãe Natureza a ir ajudá-lo.

Sim, nós temos uma tendência inata à caridade, mas estamos, na verdade, fazendo isso por nós mesmos, visto que um componente fragilizado no bando acaba por deixar a todos em posição vulnerável diante de predadores.

Ou seja: por mais lindo e melodioso que seja dizer aos quatro ventos que você ama ajudar as pessoas, saiba que, provavelmente, você está fazendo isso para sentir-se bem – ou pela satisfação de estarem te dando o título de "maravilhoso ser humano", ou pela (igualmente ótima) satisfação de ter menos integrantes capengas no seu bando.

Feio se colocado assim, né? Bem, pessoas não são lindas o tempo todo, então me permito escrever sobre as nossas sombras também.

Não gostamos de gente triste, é a dura realidade. Entendemos a tristeza como fraqueza, como colocar-se no papel de presa à espera de uma dentada.

Então, pronto! Agora você já entendeu que somos biologicamente programados para expressar e reconhecer as expressões de sentimentos que possam nos ajudar a sobreviver.

Enquanto as outras emoções, geralmente, apontam para ameaças externas – um alimento estragado (nojo), um predador (medo) ou um combate (raiva) – a alegria e a tristeza insistem em nos dizer sobre quem queremos por perto (os felizes) e de quem queremos distância (os tristes). A tristeza é interpretada como um estorvo e, portanto, quem está triste acaba levando esse título para casa também.

Quem nunca se sentiu incomodado ao ouvir as lamentações de alguém aos prantos? Quem nunca sentiu que sua *vibe* foi cortada por uma pessoa que contou uma história triste? Quem nunca passou reto por um filme de rasgar o coração ao procurar algo no streaming num domingo chuvoso, só porque pensou por um instante: *Afff, não quero chorar hoje?*

A verdade, por mais incômoda que seja, é que somos **intolerantes** à tristeza que vem dos outros, e **alérgicos** à tristeza que vem de dentro.

Vem que eu explico na próxima página.

"Tipo lactose sem a lactase": sobre a intolerância à tristeza do coleguinha

QUE ATIRE A PRIMEIRA PEDRA QUEM NUNCA FALOU UM "É COMPLICADO..." ao ouvir os lamentos de alguém. Se você estiver conversando com um estranho, então, fica ainda mais difícil disfarçar o seu completo e absoluto desinteresse pela pauta de desgraceiras que parece brotar do chão em filas de banco, ônibus lotados ou em salas de espera.

Somos quase incapazes de dizer claramente: "Olha, eu sinto muito, mas estou com os meus problemas para resolver e não tenho estrutura psicológica nem mesmo para eles, imagine para os seus". Quem dera, né?

Em vez disso, somos convidados pela moral e pelos bons costumes a ouvir o coleguinha que sofre, ainda que seja aquela escuta dinâmica em que, mentalmente, selecionamos palavras-chave e ignoramos todo o restante. É uma manobra de amor-próprio que nos salva de surtar na presença de estranhos.

Ao fim do desabafo alheio, escolhemos alguma frase pseudo-empática, porém brutalmente vazia, do tipo "vai passar" ou "vai ficar tudo bem", ou a mais profética de todas: "tudo acaba dando certo no final". Na verdade, se pudéssemos, mandaríamos confeccionar plaquinhas com esses dizeres, porque aí bastaria que levantássemos uma delas e continuaríamos a olhar para a tela dos nossos celulares, na nossa santa paz.

Tão raro quanto encontrar petróleo no quintal de casa é achar alguém que não recue diante da tristeza alheia. E inclusas nesses recuos estão as tantas formas de acolhimento *fake*, como as tais frases curtas e vazias, os abraços frouxos dados por pura educação e o sentimento de alívio que nos visita quando a pessoa que sofre, finalmente, sai do recinto em que estamos.

Aff, até que enfim! é a manchete impressa no seu cérebro ao ver o reclamão tomando o rumo de casa, ou do trabalho, ou da puta que o pariu.

Quando a pessoa entristecida é um amigo, parceiro ou parente nosso, aí a coisa fica feia de verdade. Isso porque, nessa situação, somos obrigados a ser fofos pelos laços de afeto que existem ali.

Para os mais chegados, aquelas frases estilo "pastel de vento" já não funcionam tanto, justamente porque o tal vínculo afetivo nos pede profundidade. E aí, meus caros, acontece um fenômeno curiosíssimo: a gente tenta ser empático usando a nossa própria dor.

Sim! A gente abraça o coleguinha e conta como a nossa vida também está uma desgraça, como se, naquele momento, estivesse sendo fundado o Clube dos Fodidos – cujo presidente é você.

Diante da dor de alguém próximo e da nossa inabilidade de oferecer um acolhimento verdadeiro e altruísta, lançamos mão do nosso próprio repertório de feridas emocionais, promovendo uma espécie de grupo de apoio.

Obviamente, embora isso até possa gerar uma conexão entre duas almas que sofrem, o que acaba acontecendo é que nem você, e nem o outro se sentem escutados e amparados de verdade. Cria-se um emaranhado de tristezas mal digeridas, e ambas as pessoas vão para casa com uma espécie de azia emocional.

Já passou por isso? Aquelas conversas que te fazem se sentir pior do que estava antes? Pois é a tal da intolerância à tristeza alheia: você até consegue interagir com ela, mas com muito desconforto.

Tipo intolerâncias alimentares, sabe? Você até consome a lactose ou o glúten, mas já sabe que vai passar a tarde inteira se contraindo para não peidar na presença dos outros.

Com a tristeza é bem assim.

Da série "ele entrou com o pé, e eu entrei com a bunda": a arte de chorar sentada no chão da cozinha

CERTA VEZ, TOMEI UM GRANDESSÍSSIMO PÉ NA BUNDA — que é a maneira descontraída de narrar o doloroso fato de que eu fui A-BAN-DO--NA-DA mesmo. Rejeitada. Preterida. Deixada. É... acho que já são sinônimos suficientes para o momento em que um homem estraçalhou o meu coração em muitos pedacinhos.

Eu estava completamente apaixonada, mas, ao contrário do que costuma acontecer nas histórias de sofreguidão amorosa, o *boy* também estava apaixonado por mim. Era recíproco. E estávamos felizes.

Fomos a Paraty passar alguns dias juntos e, juro, parecia até filme melado de sessão da tarde: tudo tão lindo com aquele mar azul ao fundo que meu encéfalo iludido, por alguns instantes, se esqueceu de que até nos filmes mais românticos chega o momento em que dá alguma merda. Pois bem, e deu.

Uma semana depois de voltarmos de viagem, ele terminou tudo comigo. Disse que estava confuso — embora parecesse zero confuso enquanto estávamos pelados — e disse que precisava pensar em si mesmo e focar na própria vida, como se eu fosse apenas uma distração e não uma mulher com quem ele poderia construir uma história.

Aí, obviamente, a vaca foi para as profundezas do brejo, porque uma coisa é você conhecer uma pessoa, apaixonar-se por ela e não ser correspondido – ou seja, você até tem esperanças, mas, lá no fundo, sabe que vai acabar se lascando; outra coisa é você estar vivendo entre pôneis e unicórnios e ser enviada de trem-bala, sem escalas, para o inferno.

Eu estava no cenário dois.

E, como dizia a minha mãe, "desgraça pouca é bobagem", ainda tive que lidar com o destino me pentelhando e maximizando a minha experiência de dor. Isso porque estávamos na primeira semana do ano e o tal *boy* havia comprado na internet uma lembrancinha de Natal para mim.

Os Correios costumam atrasar nessa época de muita demanda, então é claro que eu iria receber o presente (do agora *ex-amor*) justamente depois que ele debandou da minha vida. Foi tão humilhante que aconteceu logo após a minha sessão de terapia, me levando do estado de "vou superar isso" para um vórtice malvado de pura saudade e revolta. Eu, simplesmente, não me conformava.

Como? Como ele pôde fazer isso comigo?

Abri a caixa do correio e me deparei com uma caneca de caveira – e eu amo caveiras. Que ódio! Nem mesmo culpá-lo por me dar um presente bosta eu podia! Ele tirou de mim até a oportunidade de achar mais motivos para ficar brava! Eu amei a caneca e isso me gerou aquela dor física que só os corações partidos sabem provocar.

Me sentei no chão da cozinha e chorei feito criança. Aliás, não: eu chorei feito uma mulher adulta mesmo, suficientemente ciente de que havia perdido um grande amor – e eu estava com tanta pena de jogar aquele amor no lixo! Era tão lindo o que eu sentia e eu tinha tantos planos para nós dois! Como é que a gente pega isso tudo, arranca do peito e joga na lixeira de resíduos orgânicos, sem chance de reciclagem, algo fadado a virar apenas adubo para uma próxima relação?

Após uns quarenta minutos chorando, já na fase humilhante dos soluços – ou seja: em tese, eu já tinha parado de chorar, mas os soluços continuavam me lembrando de que eu estava num dia péssimo –, eu fui para o sofá da sala e lá fiquei. Não liguei a televisão, não dormi. Apenas fiquei ali, existindo.

Meu apetite – que é de uma leoa – mandou um abração e sumiu. Fiquei sem fome, sem sede, sem nada. Anestesiada pela minha dor. Que louco isso, né? Sentir num grau tão intenso a ponto de não sentir mais nada.

Liguei para minha mãe: "Alô... Mãe, tô na merda, não consigo sair do sofá. Não tenho forças para fritar nem um ovo para o meu filho. Você pode vir para a minha casa e trazer uma comida gostosa para ele?". Que joia! Nem mãe eu estava conseguindo ser. Eu atingi a lona mesmo, brutalmente nocauteada pela tristeza. E ali, largada às traças e com os olhos inchados como os de um peixe, eu entendi: *Ok, este é o momento da vida em que eu fico muito triste*. Eu deixei a tristeza montar um acampamento na minha sala. E sucumbi.

Posso afirmar com bastante certeza: eu varri o fundo do poço por quatro dias inteiros. Em certo momento, em meio ao turbilhão de lágrimas, fui à academia do bairro e me matriculei – mesmo odiando academia com todas as minhas forças e tendo um histórico desastroso de muita iniciativa e pouca "acabativa" no que diz respeito à vida *fitness*.

Eu sabia que não iria treinar por muito tempo, que dali a algumas semanas iria deixar que a chuva, o vento, o buraco na camada de ozônio e o preço das libras esterlinas influenciassem a minha vontade de vestir a minha *legging* azul para ir me exercitar. Eu sabia que desistiria, mas eu precisava sentir que estava fazendo alguma coisa por mim.

Eu escutava músicas de "dar a volta por cima" enquanto puxava o peso dos aparelhos e tentava não chorar entre uma série de abdominais e outra. "Vou festejar",[2] da eterna Beth Carvalho, era um hit de sucesso nos meus ouvidos, justamente porque eu precisava me nutrir da esperança de que, um dia, seria ele quem estaria na merda – enquanto eu estaria linda, feliz e (tomara!) com uma barriga de tanquinho.

Obviamente, a barriga de tanquinho não aconteceu, e eu, de fato, abandonei a academia semanas depois. Mas aí eu já estava bem.

As músicas me fizeram companhia e foram minha segunda maneira preferida de entender como eu estava me sentindo (a primeira, é claro, foi a terapia!).

Se eu me pegasse escutando Adele ou Christina Perri... putz! Eu estava mal mesmo! Mas eu sentia que canções cujas letras colocavam o homem no lugar de um cretino desalmado me faziam bem – justamente porque eu ainda estava naquela fase de me vitimizar e sentir piedade de mim mesma.

Em alguns momentos, me peguei escutando Metallica (que eu amo de paixão) e ouvindo modão de viola – músicas que me acompanharam pela infância todinha –, e percebi que, através da minha *playlist* do dia, eu estava tentando me resgatar, quase como se estivesse jogando uma boia para mim mesma em meio a um mar revolto, dizendo: "Se agarre aí, minha filha, senão você vai afundar!".

Quatro dias sem apetite nenhum, chorando litros e me sentindo a última das criaturas. Interfonei para uma amiga que morava alguns andares acima do meu e pedi para ela ser minha "babá de comida", porque eu estava sem fome, mas sabia que precisava de nutrientes. Ela me fazia companhia à mesa e dizia:

---

2 "Vou festejar", canção interpretada por Beth Carvalho, lançada em 1978.

"Vamos, amiga. Só mais uma garfada, seu corpo precisa". Ela me fez beber água também e lavou minha louça enquanto escutava meus desabafos regados às lágrimas que brotavam daquele jeito que me levava a questionar se um ser humano era realmente capaz de chorar tudo isso.

Até a minha cama eu abandonei. Cochilava no sofá, porque não conseguia relaxar o suficiente para dormir. Eu ia chorando até pegar no sono, acordava, chorava mais, pegava no sono de novo... e assim aconteceu por dias.

Me olhei no espelho no quarto dia e eu estava o puro suco da derrota: abatida, pálida, olhos inchados e lábio ressecado. Meus olhos, aliás, acho que estavam até em um tom mais claro de marrom, desbotados de tanto chorar o desamor. Você já percebeu seus olhos assim também?

Eu estava com um bafo das trevas, e meu cabelo estava todo embaraçado de tanto ficar prostrada no sofá. Tive muita pena de mim mesma. Fiquei me olhando e me vendo chorar.

Cacete, estou triste mesmo!

Tomei um banho demorado, escovei os dentes para tirar o gosto de guarda-chuva da boca, me encarei no espelho mais uma vez e voltei para o sofá. Peguei no sono toda torta, deitada de qualquer jeito. Acordei de madrugada e senti uma vontade absurda de dormir na minha cama. Me levantei e fui.

Acordei de manhã me sentindo estranhamente bem. Sem vontade de chorar e com muita, muita fome mesmo. Me fiz um banquete de café da manhã e, quando me dei conta, estava ouvindo David Guetta – e ainda eram sete horas!

Sorri em silêncio, me deliciando com aquela paz que estava tão gostosa quanto o meu café com leite quentinho. E entendi: *É, Juliana... passou.*

"Fechem a glote!": sobre a alergia à nossa própria tristeza

OLHA, NÃO SOU MÉDICA. Portanto, já deixo claro o fato de que este capítulo aqui é uma metáfora, sem fins científicos, e que eu não terei a menor paciência para embates técnicos com pessoas que aparecerem me corrigindo sobre o tema, ok?

Dito isso, me sinto à vontade para compartilhar o quanto acho fascinante e, ao mesmo tempo, uma burrice tremenda, o processo alérgico do corpo humano.

Fascinante porque a alergia, no meu leigo entendimento (atenção para a palavra *leigo*. Obrigada. De nada.), é um aviso em cores neon piscantes de que algo vai mal com o nosso organismo – e que nos pede atenção, aos berros, para tomarmos uma providência imediata. Sendo assim, em um jeito bem tosco de dizer, a alergia é uma salvação.

Caso esteja, por economia cerebral, lendo *alegria*, volte e leia alergia. Talvez um livro sobre tristeza induza você a pensar que tudo aqui é sobre as nossas emoções. Bem... até é. Mas agora estou falando sobre alergias mesmo.

Prosseguindo, muito embora haja o viés de salvação da alergia, existe também a parte burra dela, sobre a qual penso sempre com bastante estranhamento: você come um camarão → seu corpo entende que aquele alimento é uma ameaça e que pode te matar → seu corpo, para "te salvar", fecha a sua glote → você, para não morrer, acaba morrendo.

E o mais curioso de tudo é que o fechamento da glote é um recado concreto do tipo "não coma mais esse camarão, minha filha", porque, de garganta fechada, você não come mais camarão mesmo –, porém com o pequeno detalhe de que você também não respira e, por isso, sua vida chega ao fim.

Gente, só eu acho isso muito louco?

Pois bem, quanto à nossa própria tristeza (agora vamos falar sobre sentimentos), nos comportamos mais ou menos assim: a gente não aceita ficar triste e, nesse processo, acaba se entristecendo mais.

De coração fechado para a tristeza, buscando sentir apenas felicidade e plenitude (que é a palavra que mais detesto atualmente), a humanidade desaprendeu a chorar, a murchar, a sofrer.

O mundo só quer sorrisos a qualquer custo e, caso você não se sinta feliz no pique dos ursinhos carinhosos,[3] soltando arco-íris pela barriguinha, parece que você fracassou como pessoa.

Olha que duro isso! Fracassou na tarefa de ser gente, apenas porque ficou triste. Que ditadura dos sorrisos é essa, meu povo? Que desejo é esse de estarmos alienados o tempo todo, anestesiados, bobos?

A indústria farmacêutica comemora essa vontade desenfreada das pessoas em busca do "sentir-se bem". A minha geração está completamente medicada e, infelizmente, sem o devido acompanhamento psiquiátrico e psicológico. Amigos e amigas se recomendam tarjas pretas entre uma taça de vinho e outra no jantarzinho do fim de semana.

---

3 Personagens criados pela American Greetings, em 1981.

"Amiga, toma esse daqui, e a sua vida vai mudar", diz a outra vindo diretamente da escavação na caixinha de remédios que fica na cozinha, certa de que está fazendo um bem enorme à colega que sofre. Todos voltam para suas casas com um relato propagandista de um recaptador de serotonina, ou de um sossega-leão para dormir, ou com cinco contatos de psiquiatras "muito bons". Tempos estranhos esses.

Ora, mas aí eu pergunto: tem coisa mais gostosa do que estar com fome e comer um prato de comida? Tem alívio maior do que estar apertado para fazer xixi e, finalmente, chegar ao banheiro? Já reparou como é maravilhoso o gosto-sem-gosto da água quando estamos com sede?

Então, queridos, me digam: será que o bacana da vida não seria, justamente, deixar-se ser tocado pela tristeza e, depois, aproveitar a paz e os aprendizados que ficam? Não seria a tristeza o tempero da vida – não pela lógica piegas de que "depois da tempestade, vem a bonança", mas porque ficar triste é um exercício de humanidade que nos coloca em contato com o verdadeiro significado da palavra *vida*?

Será que o motivo de você não ser feliz é o fato de não saber ser gente, e será que isso não depende da sua capacidade de ser vulnerável e de desmoronar de vez em quando?

Poderiam as lágrimas, bem-acolhidas e aceitas, tornarem-se velhas e boas conhecidas, fazendo brotar disso um apaixonamento pela sua própria jornada?

Pois eu digo: talvez o que faça você sentir-se vazio seja, justamente, essa peça que falta: a chata, a mala-sem-alça, a pentelha, a cruel.

A barraqueira: Vossa Majestade, a tristeza.

Sim, Juliana, você leu certo. É isso mesmo: carcinoma

TODO MUNDO QUE EU CONHEÇO tem medo de ter câncer algum dia na vida. Eu também tinha.

Dois mil e vinte mal havia começado e, ao dormir de bruços, senti meu seio direito queimar. Veja, não é que tenha ardido ou incomodado. Não. Ele queimou mesmo, como se houvesse uma brasa ali dentro do peito já murcho depois de ter um filho que mamou feito um bezerro.

Na noite seguinte, a mesma coisa. Achei estranho e decidi marcar uma consulta com a minha ginecologista.

Ela, que sempre foi da filosofia de que é melhor fazer exames a mais do que a menos, me pediu várias ultrassonografias, exames de sangue, e tudo mais. Durante a consulta, apalpando meus seios, ela não havia achado nada.

Na sala escura do ultrassom, senti um profundo alívio ao ouvir do médico que me examinava que ele havia encontrado um cisto no meu seio direito, e que a tal bolinha de líquido (que é "do bem") estaria, provavelmente, pressionando um nervo – o que me dava a sensação de queimação.

Maravilha, pensei. *Resolvido*.

Ele foi passeando com o aparelho pela minha mama esquerda, foi indo, indo, até que... parou. Parou e ficou. Ficou e fotografou. Fotografou e mediu. Mediu e anotou.

Perguntei se estava tudo bem, e o médico me disse que havia encontrado um nódulo – e que a tal "bolinha", embora muito pequena, tinha uma cara bem feia. Ele acionou o *doppler* (que capta o fluxo de sangue), e percebemos que o tal nódulo feioso estava bebendo de canudinho de um vaso sanguíneo. Era um carocinho vascularizado. Ou seja: o desgraçado estava a fim de crescer.

"Biópsia para ontem, ok?", ele disse, enquanto puxava as luvas de látex, com uma expressão de quem havia achado um cano rompido durante uma reforma.

Eu saí muda, chorando, sem chão.

E foi assim que eu conheci um universo gelado, cinzento, inesquecível: o mundo oncológico. O mundo do câncer. O mundo do medo.

A biópsia foi mais escrota na minha imaginação do que na realidade. Fui atendida por uma médica super delicada, que me avisava de cada movimento que iria fazer, sem surpresas.

Era fevereiro, e o laboratório me ligou avisando que o resultado da análise do tal caroço iria demorar mais uns dias, em função do Carnaval.

Pensei: *Ué, mas se não tivessem achado nada, para quê iriam precisar de mais dias?* Foi uma tortura lenta, silenciosa, sorrateira, sufocante.

Minha mãe tentava falar comigo todos os dias, mas eu mal queria responder. Eu estava apavorada e chorava a toda hora. Bastava parar qualquer coisa que estivesse fazendo e uma enxurrada de lágrimas varria para bem longe a calma que eu tentava fingir.

Me fechei em uma concha, uma concha só minha. Aliás, preciso contar que eu fui SO-ZI-NHA fazer a biópsia. Deixei que a minha mãe ficasse comigo apenas depois, no repouso pós-procedimento, já em casa. Mas na hora do vamos ver, eu preferi estar só.

O Carnaval chegou, o Carnaval foi embora e, hoje, vendo as fotos que tirei, sinto vontade de abraçar a mim mesma: meu semblante era de tristeza, de preocupação, de medo absoluto.

No dia 3 de março de 2020, entrei no site do laboratório e vi que o laudo estava disponível. Eu estava no trabalho, apenas com uma amiga ao meu lado, mas, de novo, decidi encarar sozinha.

Cliquei para abrir o laudo e, te juro, a **primeira** palavra que eu li foi *carcinoma*.

Eu estava com câncer. Estava acontecendo comigo.

Procurando manter a calma, fiz algumas anotações sobre coisas do trabalho que eu precisaria pedir que a minha amiga resolvesse por mim. Estendi o *post-it* amarelo-claro para ela, chorando em silêncio.

Ela sabia da minha espera pelo laudo. Ela me abraçou longamente. Dei graças a Deus por não ter ouvido nenhuma das baboseiras que as pessoas, geralmente, falam: "Vai ficar tudo bem"; "Vai dar tudo certo"; "Não fique assim"; "Deus sabe o que faz".

Tive o privilégio de ser abraçada por uma amiga que me falou exatamente o que eu precisava ouvir naquele momento de soco no estômago: "Eu sinto muito, Ju. Conte comigo para o que precisar. Estou aqui".

Pedi um carro por aplicativo, esperei minutos que pareceram dias e, quando me acomodei no carro, chorei minha alma todinha.

Cheguei em casa e tive a dura tarefa de contar para o meu filho, que estava com treze anos à época.

"Mãe, você vai morrer?", ele perguntou.

"Filho, algum dia, eu vou. Mas te prometo: eu vou fazer de tudo, de tudo mesmo, para que não seja agora, para que não seja de câncer."

Nos abraçamos e choramos juntos. Ele ficou arrasado, eu também. Ele, que é um fofo desde sempre, apareceu minutos depois com uma caneca de achocolatado quente. "Para você, mãe", ele disse com o semblante tristonho, e eu me emocionei por perceber que ele só queria me oferecer alguma coisa, e que ele teve a ideia de preparar o tal achocolatado para me mostrar que queria contribuir. Dei um gole demorado e me senti muito orgulhosa de ter um filho que entendia tão bem como acolher um ser humano em sofrimento.

Tirei a roupa do trabalho, coloquei um pijama e fui engolida pela minha cama.

Pedi para a minha mãe e para a minha avó irem à minha casa no dia seguinte, porque eu sabia que precisaria de todo o amor que eu pudesse receber. Pedi que elas fizessem um almoço com gosto de afeto: o *borscht* (sopa russa à base de beterraba) da minha avó, e o polpetone da minha mãe.

Decidi que iria chorar até que me desse vontade de seguir em frente. A tristeza, a essa altura, já estava acampada na minha casa, de mala e cuia, intrometida e inconveniente como só ela sabe ser.

Eu chorei tanto que minha cabeça doía a marteladas; chorei a ponto de ter ânsia de vômito. Chorei rezando, chorei imaginando o meu filho sem mãe. Chorei de desespero mesmo. E posso dizer que esse foi o dia mais triste da minha vida até aqui.

Passei dois dias inteiros na mais completa merda que você possa imaginar. Eu queria me enfiar em um buraco e sair de lá apenas quando tudo estivesse resolvido. Estava com medo do tratamento que eu sabia que seria cruel; com medo de ser mutilada; medo de perder o seio pequeno e murcho, mas que havia alimentado o meu filho, que havia sido conquistado ao longo da puberdade, que me definia como mulher.

Eis que, no dia 5 de março de 2020, apenas dois dias depois do diagnóstico avassalador, eu acordei pronta para lutar.

Eu marquei consultas, exames de estadiamento (para entendermos se havia metástase), exames pré-operatórios. Na verdade, fiz uma verdadeira loucura de agenda, porque eu percebi que tempo é vida quando se trata de um câncer: cada dia conta.

Marquei painel genético para o sábado, para entender se eu era portadora dos genes do câncer de mama hereditário – o que faria com que a minha cirurgia fosse de remoção total das duas mamas; marquei tomografias com contraste, raio x, exames de sangue e ultrassonografias para o domingo; marquei ressonância magnética das mamas para a segunda-feira (foi o pior exame que eu já fiz); e marquei cintilografia óssea para a terça-feira.

Quatro dias de maratona contra o tempo, porque eu queria me livrar rápido daquele pesadelo. Marquei cada exame em um lugar, e fui de um lado para outro na maior cidade da América Latina, em uma busca obstinada pela minha cura.

Sofri fazendo os exames, é claro. E tive medo da metástase, muito mesmo. Mas, sabe de uma coisa? Eu estava forte.

Eu tinha chorado muito, tinha sido espancada pela tristeza, e tinha me permitido sofrer profundamente desde que o diagnóstico havia saído. Assim, na fase seguinte, eu estava prontíssima para resolver logo essa merda.

Eu pentelhei a moça do plano de saúde. Coitada, essa vai para o céu, porque eu ligava mil vezes por dia atrás das autorizações para fazer meus exames, da autorização para a cirurgia, da autorização de tudo que você possa imaginar.

A pandemia de covid-19 tinha acabado de chegar ao Brasil, e a minha cirurgia, embora fosse prioritária, era eletiva (ou seja: uma pessoa enfartada tinha, obviamente, prioridade em relação a mim). Então, eu nem ao menos sabia se iria mesmo conseguir remover o câncer que estava ali, roubando a minha paz, doidinho para crescer na minha mama esquerda.

Vinte dias depois do diagnóstico, eu estava na mesa de cirurgia. Antes de "entrar na faca", eu tive um encontro bem particular com a tristeza: eu estava sozinha, pois acompanhantes haviam sido proibidos em função da pandemia. E ali, sendo furada, apalpada, e furada de novo, eu me senti impotente, pequena, triste. Chorei demais, é claro. Chorei até ser, finalmente, nocauteada pela anestesia geral. Na mesa de cirurgia, eu dormi de mãos dadas com a tristeza. Adormeci de olhos encharcados. E acordei, ainda bem, sem câncer.

O tratamento que se seguiu foi árduo: muito embora eu não tenha precisado de quimioterapia, por haver descoberto o câncer em um estágio muito inicial, eu precisei fazer radioterapia – e essa daqui, meu bem, me estraçalhou.

Algumas pessoas não sentem absolutamente nada, outras passam um tanto mal e pouquíssimas enfrentam complicações. Pois é, eu estava dentre as pouquíssimas.

Me sentia sugada por um *dementador*[4] saído diretamente das obras da gênia J.K. Rowling: aquela criatura meio fantasmagórica e, definitivamente, "do mal", que abria a boca diante do rosto de uma pessoa e, dali, tragava toda a energia vital, até o último suspiro. Tipo uma sanguessuga de alma, acho que assim fica melhor para entender.

Pois é, eu me sentia sem forças, até mesmo para o básico, após cada sessão de rádio.

Para quem não sabe muito sobre o assunto – e, agradeça, isso é um privilégio enorme! – gostaria de explicar que a radioterapia é feita todos os dias, de segunda a sexta-feira, com o final de semana para recuperação dos golpes de radiação que o corpo leva.

Cada sessão dura cerca de 10 ou 15 minutos, a depender do caso clínico e da anatomia de cada paciente.

No hospital onde fiz o meu tratamento, é possível escolher músicas para ouvir durante a radio – e eu escolhi ouvir Metallica e Iron Maiden, todas as vezes. O pessoal da área técnica adorava quando eu chegava para as minhas sessões, porque eles sabiam que ouviriam o puro suco do *rock'n'roll*.

---

[4] Personagem fictício do universo de Harry Potter, criado e escrito por J. K. Rowling, introduzido no terceiro livro da série, *Harry Potter e o Prisioneiro de Azkaban*, lançado em julho de 1999.

Na hora da radioterapia, não há dor – eu não sentia nada, para falar a verdade. Mas bastava que os ponteiros do relógio avançassem uns trinta minutos após o término da sessão para que eu me sentisse intensamente arrebatada para um mundo no qual eu tinha dificuldade até para piscar os olhos.

O apetite – que sempre foi a minha marca registrada, por eu amar comer – foi embora, e emagreci muito, muito mesmo. Eu havia contratado uma nutricionista oncológica, que era uma parceira fundamental nesse processo todo, porque eu estava isolada em casa em função da pandemia, me cuidando praticamente sozinha, sem visitas. A nutri me falava: "Só mais uma colherada de sopa, vamos lá", e eu precisei fazer esforço de verdade para engolir meia dúzia de pedaços de legumes, alguns pedacinhos de peixe ou poucas colheres de sopa.

Me lembro bem do bendito copo de suco de uva, daqueles integrais, que era o meu lanche da tarde de todos os dias. Um copo de suco me saciava completamente, desde o almoço até bem perto da hora de ir dormir.

Minha mãe me levou para as sessões de radio todos os dias, e eu, secretamente, sabia que ela trabalharia até quase as dez da noite para compensar as horas que passava comigo no hospital. A colega de trabalho dela estava de férias, ela estava sobrecarregada, cansada e visivelmente devastada por ter uma filha lutando contra um câncer. Mas ela me ajudava todos os dias, deixava a compra de mercado na minha porta com tudo fresquinho e mandava bolos e jujubas para alegrar o dia do meu filho – que estava sofrendo também.

Como sempre dá para piorar um pouquinho, a tomografia que eu fiz antes de começar a radioterapia mostrou que eu estava com esplenomegalia (que é um nome difícil para "o seu baço está bem maior do que deveria"). Colhi dezessete tubos de sangue para entender o que isso poderia significar, e as opções passavam por doença de Chagas, HIV, cânceres diversos e tantas outras patologias que traziam consigo uma promessa de dor. Sofri demais esperando os resultados, e a tristeza me deu outra surra.

Como em todo bolo ainda cabe a cereja do topo, descobrimos que o meu estômago ficava muito perto da minha mama. Perto demais. Então, para que ele não fosse bombardeado pela radiação do tratamento, precisávamos que ele estivesse bem murcho, pequeno, vazio. E aí, senhoras e senhores, eu fui em jejum para o hospital, todos os dias.

Sabe, o maravilhoso de toda sala de espera que se preze é que existe ali uma TV que passa conteúdos que deveriam te distrair, mas isso nunca funciona de verdade. É quase como se a televisão fosse aquele artista de rua, mais talentoso do que muito famoso por aí, por quem tantas pessoas passam sem, ao menos, oferecer um olhar.

No meu caso, a TV da sala de espera da radioterapia parecia estar em um complô contra mim. Isso porque aparecia ali todo o tipo de propaganda de comida que você puder imaginar: desde o hambúrguer, até as frutas fresquinhas sendo mordidas pela modelo do comercial.

E eu, ali, em jejum, me senti pequena outra vez.

A pele da mama foi um capítulo à parte: radioterapia queima, e queima muito mesmo.

Estávamos em julho de 2020, e o frio estava daquele jeito. As orientações médicas eram de que eu passasse a pomada cicatrizante três vezes ao dia, e de que, a cada vez, eu esperasse cerca de quinze minutos para colocar a roupa, para que a pele pudesse absorver bem o produto que tentava me livrar das queimaduras pela radiação.

Imagine que legal era o momento de bater o queixo de frio, com a teta de fora, besuntada de pomada, com o braço esquerdo levantado (porque a axila esquerda recebeu muita radiação, o tempo todo), e me perguntando se eu iria conseguir sair daquele merdeiro ali sem me perder completamente de mim mesma. Eu estava em pedaços, triste de verdade, e senti, por diversas vezes, muita pena de mim.

Isolada pela pandemia, eu chorei muito, e tive muito medo de morrer ou de ficar louca. E aqui fica o registro da minha gratidão à minha psicóloga, que me ouviu a cada sessão, me aceitou incondicionalmente e lançou luz sobre tantos caminhos que já estavam lá – eu apenas precisava de ajuda para vê-los.

Hoje, rumo aos cinco anos sem câncer (uhul!!!), consigo afirmar que **chorar é parte do tratamento**. Sem o baque, sem o luto pelo seio perdido, sem a compaixão ao me ver mutilada, sem legitimar o fato de que eu estava completamente apavorada e sem a tristeza acampada na minha sala, não haveria cura.

Cada lágrima me levou à lona e me levantou de lá também. A cada momento em que eu me permiti ser gente, eu caminhei mais um passo em direção a ficar bem.

Hoje, anos depois, eu ainda choro na época dos exames. Choro de medo, de ansiedade, de tristeza por ser furada, apalpada e revirada tantas vezes. Basta eu agendar os exames, ouvir a atendente confirmando a data das agulhadas e desligar a chamada, que eu já aproveito para destrancar a porta e falar: "Vem, tristeza, sua chata. Pode entrar, só não faça barraco aí nesse corredor. Acampe aqui na minha sala, espalhe sua bagunça e me incomode o dia todo. Mas gostaria que soubesse: depois que os meus exames passarem e que os laudos vierem bons, você vai embora. Se acomode, pentelha, mas não crie raízes. Essa casa aqui ainda é minha".

As malfadadas e "mal-faladas" lágrimas

CERTA VEZ, ESTIVE NO ROCK IN RIO COM O MEU BONDE DE AMIGOS. Chamo de bonde porque é um acontecimento quando saímos juntos: somos seis, cada um com uma personalidade muitíssimo diferente das outras, mas somos todos barulhentos, rimos alto, fazemos piada com as nossas próprias desgraças e falamos "eu te amo" uns para os outros, toda vez.

Assistimos ao show da Jessie J. – que, devo dizer, é um arraso! – e, em uma das músicas, eu chorei. Um dos meus amigos já veio com a mãozona rumo à minha cara, pronto para enxugar minhas lágrimas. Segurei a mão dele, o encarei com ternura e falei: "Deixa. Eu gosto".

Ele me abraçou e me disse que eu havia ensinado algo para ele naquele momento. E eu chorei, feliz, até o final daquela canção.

Eu amo me emocionar com músicas, filmes e cenas da vida cotidiana. Eu gosto demais das minhas emoções – até das mais chatas, como a tristeza, o medo e a raiva – justamente porque é através delas que me sinto viva de verdade.

Hoje, depois de quinze anos de terapia, tenho um profundo respeito por cada lágrima que eu derrubo bochecha abaixo. Cada uma me conta um segredo, algo que está dentro de mim, algo importante que talvez nem esteja sendo percebido como deveria.

Já parou para pensar nisso? **Suas lágrimas são mensageiras**. Elas avisam sobre a dor – seja ela física ou emocional – e pedem a sua atenção para um sentimento que já não adianta mais ignorar.

Imagine que você está uma pilha de nervos por causa de grana. O orçamento está apertado, as contas chegando, e você com medo de não dar pé até o final do mês.

Você está sofrendo, e muito! As atividades e obrigações do dia a dia até conseguem te distrair, mas basta que você pare por alguns segundos e a sua cabeça já te transporta, quase magicamente, para o mundo das dívidas e da preocupação com o amanhã.

Veja, ainda que você procure não pensar nisso, você pensa, sim, sobre isso. Se somarmos todos os pensamentos sobre esse assunto ao longo de um dia, garanto que teremos algumas boas horas de estresse, ansiedade e insegurança.

Nosso corpo libera na nossa corrente sanguínea um hormônio chamado cortisol, que é o mensageiro químico do estresse. Ele nos inflama, porque o corpo se prepara para lutar ou para fugir quando estamos sob alguma ameaça.

Para podermos ficar para uma treta daquelas, ou correr porque o perigo é grande demais, precisamos estar com os batimentos cardíacos acelerados – afinal, os músculos e as células vão precisar de mais sangue e do oxigênio que chega através dele; e, por falar em oxigênio, a sua respiração também vai acelerar em um momento de estresse, justamente porque o organismo já calcula que vai precisar de uma ajudinha extra para dar conta de um inimigo; as pupilas se dilatam, porque precisamos captar o máximo possível de informações visuais do ambiente; a pressão sobe; a pele começa a suar, em uma manobra de emergência para não aquecermos demais. E isso tudo, acredite, acontece muitas vezes ao longo de um dia no qual você pensa sobre os seus boletos.

Estresse inflama. Ele deixa o corpo preparado para o pior e, é claro, nossas emoções acompanham esse ritmo: imaginamos todas as desgraças possíveis, ficamos pessimistas, afobados, sem chão.

Preciso dizer que se sentir assim várias vezes ao longo de um dia faz um mal danado?

Você tenta pensar em outra coisa, e acaba não dando tanta atenção a esse sofrimento como deveria. Você presta atenção à fatura do cartão e ao saldo da sua conta, o dia todinho, mas não olha para as suas emoções com a mesma dedicação.

Eis que você chuta uma quina qualquer com o seu dedo mindinho (aliás, o coitado sofre, né?) e você chora, chora intensamente, chora de soluçar.

Ok que o dedo mindinho do pé seja um bom motivo para chorar de dor, mas você tem lágrimas demais escorrendo pelo rosto para acreditar que foi só isso. Não foi.

As suas lágrimas chegam contando duas histórias: a do dedo, que está doendo mesmo; e a das dívidas, que estão fazendo você sentir-se impotente, incapaz, infeliz.

Olha que lindo isso. Suas lágrimas quase te seguram pelos ombros, te olham nos olhos e dizem: "Ei, pare um pouco. Você está sofrendo. Você não é de ferro. Vem cá".

O choro é um convite a olharmos para nós mesmos, a nos darmos um pouco mais de bem-querer, a nos pegarmos no colo. Nós também precisamos de colo, sabia?

Imagine que você está com um pedaço de alface no dente da frente, e a sua amiga, meio sem jeito, avisa que você precisa dar uma olhadinha nisso. Se for uma amiga muito íntima, e se a amizade de vocês for daquelas bem descontraídas, ela até vai dar uma zoada na situação. Vocês têm espaço para isso.

Se for aquela amizade ainda no início, ou se vocês forem mais tímidas ou menos atiradas, o aviso sobre o verdinho no meio do sorriso virá com maior delicadeza, até com uma certa vergonha, mas com a mesma intenção de te proteger de um mal-estar maior.

Lágrimas nos avisam sobre as alfaces nos dentes das nossas emoções. Sobre coisas que estão ali, mas você não está vendo –

ou até está vendo, mas não com a atenção que deveria. Lágrimas avisam sobre algo intenso, imenso ou difícil, e só querem que você fique bem no final das contas. **Lágrimas tentam, desesperadamente, nos salvar de algo pior.**

Você odiaria a amiga que avisou sobre a verdura no dente? Ou diria, meio sem graça: "Nossa, amiga, obrigada"?

Convido você a tratar suas lágrimas com mais respeito e, para além disso, a tratá-las com um certo carinho.

Carinho que se sente por quem quer te salvar, te mostrar algo importante, lembrar de que você é gente. Talvez as suas lágrimas sejam, embora você não saiba disso, as melhores amigas que você tem. Pense nisso.

Da série "ele entrou com o pé, e eu entrei com a bunda": tirando a maquiagem com a dignidade no chão

VAMOS COMEÇAR PELO FINAL: eu levei um puta de um bolo de um cara por quem eu estava me apaixonando. E é isso mesmo, no gerúndio: *apaixonando*.

Eu ainda não estava completamente entregue, o que me alivia bastante ao encarar isso como um livramento. Certamente, se tivéssemos ficado mais vezes, eu teria chorado bem mais. Afinal, quanto mais memórias a gente tem com uma pessoa, mais a gente vai se iludindo de que tudo foi muito legal – mesmo que tenha sido uma grande bosta no fim das contas.

Sabe, eu sempre tive uma maneira bem específica de funcionar no amor: ou eu começo já no embalo, ou eu estaciono de vez.

Eu tive muitos "PA's" – ou *Pintos Amigos* – porque sempre achei fantástica essa dinâmica de fazer sexo casual com uma pessoa por várias e várias vezes, além de rolar um papo bacana que vai melhorando com a intimidade, um delivery de pizza entre uma transa e outra, e depois eu sempre podia voltar para a minha rotina sem me sentir presa a um relacionamento que eu, à época, não queria ter.

Eu sempre soube ser feliz, tanto solteira quanto comprometida, na mesma medida, justamente porque eu faço uma coisa de cada vez: quando estive solteira, eu aproveitei demais (e, acredite em mim, demais tipo perigo para a sociedade), e quando me comprometo com um relacionamento, eu me entrego de vez, pulo de cabeça e sou boba, romântica e feliz.

Portanto, como a minha solteirice estava sendo extraordinária, eu estava bem contente varrendo os aplicativos de encontros. Foi quase um experimento antropológico – e eu estou rindo agora, conforme escrevo estas linhas, porque eu tenho memórias interessantes demais dessas fases de solteira.

Mas, voltando ao fato de que sempre precisei começar no embalo ou acabava estacionando de vez, a verdade é que, se eu ficasse com um cara e ele não me despertasse um interesse diferente, um frio na barriga, um mini apaixonamento sequer, ele estaria automaticamente condenado a ser um Pinto Amigo pelo resto da vida.

Eu já tive um PA com quem fiquei por nove anos, com algumas pausas durante os meus namoros e os namoros dele. A gente ficava sempre, a cama era mágica, as risadas eram surreais, e a gente se amava de verdade. A gente se amava como parceiros mesmo, éramos *brothers* que transavam muito bem juntos. E hoje, mesmo sem nos falarmos há um bom tempo, digo que sempre torcerei pela felicidade dele. Que ele, onde estiver e com quem estiver, seja feliz. Ele merece o mundo.

Na outra extremidade desse desprendimento todo, estão os amores quase imediatos que eu senti na vida: caras com quem eu ficava e, logo de cara, já percebia que iria me apaixonar.

Bastava um beijo e eu meio que já entendia se aquele cidadão iria balançar meus sentimentos ou não.

Mariana, minha melhor amiga, certa vez me ouviu falando que eu queria me casar (isso mesmo, CA-SAR) com um cara com quem eu tinha acabado de ficar. Falei até sobre o local específico onde aconteceria o casamento, e eu tinha conhecido a tal criatura havia apenas algumas horas.

E, falando na Mariana, nós curtimos muito as nossas solteirices juntas. A gente saía, basicamente, de quinta-feira a domingo, e temos um caminhão de memórias absurdamente divertidas dessa fase.

Mariana estava lá quando eu conheci um cidadão em um rolê de pagode, na Avenida Faria Lima, em São Paulo. Eu já havia dado umas olhadinhas para ele.

Hummm, todo tatuado, gostei.

Era um domingo de muito sol e, em certo momento, já depois do anoitecer, ele estava parado ao meu lado. Eu, artilheira que sempre fui, puxei uma conversa despretensiosa sobre um homem que estava perto de nós, com um rolo de sacos de lixo no bolso, dançando loucamente (depois descobriríamos que o tal homem iria se mudar naquela semana e, com preguiça de guardar coisas em caixas, havia decidido colocar tudo o que tinha em sacos de lixo). O papo começou sobre isso e se ramificou em vários outros assuntos, enquanto o meu coração pingava maldade, é claro.

Ficamos conversando até o rolê acabar. Ele foi embora sem sequer nos beijarmos, mas trocamos perfis de Instagram.

Pedi o carro da minha mãe para o vallet (eu ainda não tinha o meu próprio) e fui embora bastante chateada por não ter ficado com o tal *boy* tatuado.

Gente, uma pausa: vocês também dão apelidos para as pessoas com quem ficam? *Boy* tatuado; *boy* fumante; *boy* economista etc.

Pois bem, eis que eu estou a caminho de casa quando recebo uma mensagem no Instagram: era ele!!! Cantei pneu ao virar bruscamente o volante para estacionar em um posto de gasolina que já estava fechado. Fiz uma dancinha da felicidade assim que parei o carro, não vou negar.

Mensagem vai, mensagem vem, ele me convidou para tomar um vinho na casa dele para encerrarmos a noite. E o melhor: ele morava muito perto de onde eu estava naquele momento. Sem titubear, só fui.

O apartamento dele era decorado com bom gosto e bastante confortável. De imediato, reparei que ele tinha muitos utensílios de cozinha: batedeira de última geração, muitas facas (medo, né?), mil travessas, louças, taças etc. Parecia mais um mini bistrô do que a casa de um homem solteiro, que morava sozinho.

"É que eu amo cozinhar", ele disse. E eu, que amo cozinhar também, já sabia que aquele não iria ser apenas mais um *date* qualquer.

Ele me mostrou os muitos vinhos que tinha em casa, e escolheu um para bebermos. E ali, na sala de estar dele, conversamos sobre uma infinidade de assuntos.

Ele era muito inteligente. E isso, confesso, me deu um tesão incrível. Ok, as tatuagens e todo o resto também estavam me dando tesão, é verdade. Mas um bom papo é algo afrodisíaco demais.

Eu me entedio com muita facilidade. Não tenho muita paciência para conversas que não despertem o meu interesse, para ser bem sincera.

Isso é muito interessante, se levarmos em consideração o fato de que eu sou psicóloga clínica e que o meu trabalho, em linhas gerais, é escutar pessoas. Mas o ponto crucial é que eu, genuinamente, me interesso por cada relato dos meus pacientes, desde o desabafo mais denso e sofrido, até os dizeres sobre amenidades do cotidiano. Tudo aquilo que os meus pacientes me falam me interessa profundamente, justamente porque eu quero muito que eles se conheçam, que melhorem, que sejam felizes.

Mas, meu amô, no rolê a coisa muda drasticamente: eu me desconecto de conversas que eu acho desinteressantes com extrema facilidade. Mariana já me viu fazendo isso um milhão de vezes.

Pois bem, de volta ao sofá do *boy* tatuado, o papo foi maravilhoso. Me percebi fascinada pelas sacadas interessantes que ele tinha ao conversarmos. Eu devia estar com cara de otária apaixonada, certamente. E ele deve ter percebido, certamente também.

A cama foi maravilhosa e eu vi estrelas (se é que me entendem) algumas vezes durante o, digamos, momento íntimo.

Dormi igual a um anjinho e fui embora assim que amanheceu – afinal, era segundona e eu precisava trabalhar.

Trocamos mensagens, ele ainda era simpático, gentil e divertido. *Ai, meu Deus, por esse daqui vou acabar me apaixonando*, eu pensava a cada notificação nova que me fazia abrir um sorrisinho besta.

Papo vai, papo vem, semanas se passaram e, finalmente, marcamos um segundo date. Contei para a Mariana o quanto eu estava nervosa, e ainda me lembro dela dizendo: "Vai desarmada, amiga. Deixa acontecer".

Passei horas escolhendo a lingerie, me arrumei, me maquiei. Olha, não sei se sou só eu que penso assim, mas passar maquiagem é tipo um acordo tácito que assinamos com alguém: *Eu já me maquiei, então honre meu rímel e as mil camadas de corretivo que passei nessa cara.*

Maquiagem é tipo um símbolo de que estamos nos dedicando a sair com alguém, de que estamos besuntando nossas caras com produtos que envelhecem a pele, sujam a roupa e nos fazem suar no bigode – então, por favor, levem uma pessoa maquiada muito a sério!

Estávamos trocando mensagens algumas horas antes do horário combinado, e parecia estar tudo certo. "Estou pronta", avisei.

Nada.

Nada.

E mais nada.

Já com "pizzas" de suor nas axilas, visto que eu estava nervosa só de pensar na possibilidade de ser abandonada, tentei ligar.

Só chamou, ele não atendeu.

Mandei mensagem perguntando se estava tudo bem, e continuei recebendo mais doses desse silêncio ensurdecedor.

Nada.

E as mensagens seguem não respondidas, até o momento em que eu digito essas palavras no meu notebook.

Ele nunca me respondeu. Não teve a decência de, ao menos, inventar que um asteroide havia caído sobre o carro dele, ou que a casa dele havia sido invadida por alienígenas e que, por isso, ele não poderia sair comigo.

Nem mesmo uma mentira. Apenas esse grande, enorme e brutal **nada**.

Peguei o algodão do potinho do meu banheiro, embebi em demaquilante bifásico e passei nas minhas pálpebras – que tremiam um tantinho e piscavam devagar.

Tirei a maquiagem, pouco a pouco, me olhando no espelho e sentindo como se eu assistisse a uma cena de outra mulher. Como se não fosse eu ali, não podia ser. Estava tudo combinado, eu estava tão bonita, tinha passado meu perfume mais gostoso e tinha imaginado cenas nas quais eu me divertia muito ao lado dele.

Minha dignidade no chão, a maquiagem no algodão, e um choro preso na garganta que incomodava como uma amigdalite que se aproxima.

Eu queria gritar, queria berrar de ódio e de pena de mim, mas também queria manter a compostura porque achava que, se chorasse pelo *boy* tatuado, estaria entregando um troféu a ele – e eu não queria perder.

Coloquei meu pijama, me deitei meio anestesiada e, depois de uns bons minutos tentando conter o choro por puro orgulho, finalmente entendi que eu precisava ficar triste para poder ficar feliz depois.

E ali, encolhida e abraçada ao meu travesseiro preferido, deixei que as lágrimas golpeassem meu rosto que cheirava a cosméticos.

Chorei de soluçar, até dormir. Um choro doído mesmo, com uma ferida aberta na minha autoestima, deixada pelo silêncio de quem achou que eu não merecia sequer uma explicação. Se ele tivesse me mandado um bendito emoji não teria doído tanto.

Acordei de madrugada – afinal, meu lindo sono, que é sempre profundo e reparador, é imediatamente afetado por desilusões amorosas. Olhei para o meu quarto escuro e me perguntei se era mesmo verdade que eu havia tomado um bolo daqueles. Sim, era verdade.

Chorei por mais uns minutos. Voltei a dormir.

No dia seguinte, Mariana já estava a postos para me acolher e para dar aquela xingadinha no cara vacilão, porque ninguém é de ferro e ela toma as minhas dores mesmo. Chorei de novo. E murchei por dias.

Eu só tinha vontade de ficar em silêncio, na minha, pensando e pensando por horas. Chorei pela minha autoestima em pedaços e percebi as tralhas da tristeza jogadas na minha sala mais uma vez. Eu questionei o meu valor em alguns momentos. Questionei o amor em tantos outros.

De tanto chorar, um belo dia, não chorei mais pelo tal *boy* tatuado. Fiquei tão triste, que consegui ficar feliz.

Talvez seja Deus, ou o destino, ou sei lá o quê, mas eu fiquei com o Vitor – meu noivo gato, gostoso e gente boa – poucas semanas depois. Me senti vivendo na prática aquela máxima de "os humilhados serão exaltados".

Vitor é um parceiro maravilhoso, é um cara que tem minha admiração diária, que construiu comigo a relação mais honesta que já vivi, e é o amor da minha vida. Fico bem grata por não ter ficado com o *boy* tatuado – afinal, a vida (ou o meu Paizão) tinha me reservado alguém infinitamente melhor. Livramentos, livramentos... Mas que eu fiquei bem na merda quando tomei esse bolo, ah, eu fiquei!

    O sumiço de alguém deixa uma lacuna, um buraco, um espaço que a gente, geralmente, preenche de insegurança e autodepreciação. Eu preenchi com a tristeza e com as lágrimas que ela me trouxe. Mas eu também entendi que a barraqueira tinha coisas a me dizer. Ela me mostrou que, mesmo sendo super desprendida no sexo casual, talvez eu já estivesse pronta para viver um amor de verdade. A tristeza me contou que meu coração tinha uma vaga, e que eu não deveria tentar preenchê-la com um idiota. Eu preenchi essa lacuna com amor – tanto com o amor-próprio, quanto com o amor doce e feliz que eu encontrei no Vitor.

    O tal *boy* tatuado? Ele visualiza meus stories todos os dias.

    E eu reparo, tá, meu querido?

Eles odeiam, eu adoro: sobre as emoções dos meus pacientes

AI, DOUTORA, EU PROMETI PARA MIM MESMA QUE NÃO IRIA CHORAR NA SESSÃO DE HOJE. Eu já ouvi isso um zilhão de vezes.

Primeiramente, não tenho o título de "doutora", visto que não tenho doutorado. Mas, sendo profissional da saúde, muitos pacientes, espontaneamente, me chamam assim. E tudo bem, porque talvez eles me vejam mesmo como uma "médica de sentimentos". Me chamem como preferirem. A prioridade é escutar vocês.

Terapia não é lá uma coisa legal de se fazer, toda vez. Em algumas semanas, a gente dá graças a Deus por ter uma sessão chegando, porque o peito está transbordando de ansiedades e a gente, simplesmente, precisa falar sobre tudo aquilo.

Basta a câmera se abrir na chamada de vídeo, ou a sua psicóloga se sentar na poltrona à sua frente, para que os portões enormes do grande celeiro de angústias comecem a deslizar, deixando jorrar os fatos dolorosos da semana, ou as reflexões que você já fez por conta própria, ou uma memória da infância que te arrebatou no dia anterior.

Aliás, sobre os tais fatos da semana, eu, como psicanalista, sempre encorajo os meus pacientes a falarem livremente, sem prenderem-se ao resumo semanal. Muitos pacientes começam a sessão um tanto perdidos, meio tímidos, sem saberem por onde ir, e se apoiam no resumão sobre a semana como um navio quebra-gelo que sai desbravando os mares da Antártida.

Eu chamo essa estratégia de "Querido Diário", porque é quase como se o paciente estivesse contando o que comeu, aonde foi, o que fez, respeitando uma ordem cronológica que, para a análise propriamente dita, não significa absolutamente nada.

Em vez de fazerem o "Querido Diário", meus pacientes são convidados a falar sobre qualquer coisa – qualquer coisa mesmo. A partir dali, a sessão se desenrola e sempre chegamos a lugares fantásticos, profundos, necessários.

Portanto, concorda que com essa espontaneidade toda e com esse discurso livre, nem combina essa coisa de "prometi não chorar hoje"? Como prometer diante do desconhecido, do abismo, do vão que se abre pelo ato de falar o que lhe vier à cabeça?

Chorem, meus amores. Chorem.

Eu percebo que os pacientes têm, em sua maioria, uma relação ruim com as próprias lágrimas. Algumas pessoas do meu círculo íntimo de convivência pessoal também têm.

São indivíduos que se chamam de gente, mas que não suportam se ver chorando. Como uma cozinheira que não suporta cozinhar, ou um astronauta que não suporta o espaço, ou um ciclista que não suporta o vento batendo no rosto. Não dá.

O choro nos constitui como pessoas e ele foi a primeira coisa que fizemos na vida, vejam que interessante: um bebê, exposto ao frio fora do útero, exposto à luz, aos sons, e tendo sua delicada pele tocada pela primeira vez, chora aos berros. É tranquilizante para as mamães recém-paridas ouvir o choro de seus filhos que acabaram de nascer, como se os berros lhes contassem que está tudo bem.

Quando éramos pequenos, o choro era a nossa linguagem – aliás, existe um choro bem específico para cada coisa que um bebê quer: tem o choro de dor, que é um pedido de ajuda; tem o choro de fralda suja ou molhada demais, que também não deixa de ser um pedido de ajuda; tem o choro de fome, que é um pedido de... nossa... ajuda também; e tem o choro de manha, ou de birra, ou de chantagem emocional infantil – que é, definitivamente, um pedido de ajuda frente a uma frustração que doeu demais.

Ora, se o choro é um pedido de ajuda, e se sabemos fazer isso desde que colocamos nossas cabeças para fora da placenta, qual é o raio do problema em precisarmos de ajuda? Precisamos desde sempre!

Nunca, nunquinha mesmo, fizemos algo sem ajuda. Até porque, mesmo em uma situação em que você resolve algo "por conta própria", você está usando os conhecimentos que um dia aprendeu com alguém. Então, meu bem, nós estamos sendo ajudados o tempo inteiro. Se conforme com isso.

Para que uma análise aconteça de verdade, e para que ela funcione bem, o paciente precisa reconhecer que está mal. Precisa reconhecer que está sofrendo, que está chegando próximo dos próprios limites e que não quer mais sentir-se daquela maneira. Estar desconfortável com quem se é, essa é a verdadeira base sólida para qualquer mudança. Afinal, se você odeia um comportamento seu e precisa desesperadamente se reerguer, a sua mudança terá um alicerce firme: o de não querer voltar nunca mais para aquele lugar escuro onde você estava.

Sendo assim, chorar quando se está na merda é uma maneira maravilhosa de construir pilares sólidos para a sua mudança. Você precisa chorar. Não apenas porque, segundo as nossas avós, "chorar faz bem", mas porque é através desses golpes ferrenhos da angústia que a gente decide que não quer mais estar no fundo daquele poço.

Debulhar-se em prantos na terapia é preparar o concreto que vai segurar o peso da sua mudança. Quanto mais você se permitir ser estapeado pela dor durante a sua sessão, mais o seu cérebro vai entender que aquele jeito de viver já não te faz bem, e que você precisa encontrar outro caminho. Lágrimas derrubadas diante de um psicólogo são promessas que você faz a si mesmo: de tentar ser diferente, mesmo escorregando e recaindo várias vezes – tudo bem. Sempre com a vontade de mudar, de ser maior e de ser melhor consigo mesmo.

O choro da terapia é um manifesto do seu desejo de se salvar. Leia essa frase quantas vezes for necessário.

Quando a Miranda, de *O Diabo Veste Prada*, é uma querida se comparada ao seu chefe

POUCA GENTE SABE, MAS EU JÁ FUI SECRETÁRIA EXECUTIVA DE CEOs. Fiz uma carreira bem interessante, atendi figuras importantes e lidei com as situações mais estranhas que você puder imaginar.

Sabe, executivos em geral são criaturas curiosas: eles são tão ocupados que passam, pouco a pouco, a não saber mais cuidar do básico de suas vidas sem o suporte de uma secretária. Chega a dar pena da inaptidão que alguns têm para cuidar de suas próprias famílias, por exemplo. E, sendo brutalmente honesta aqui, já vivi a experiência de saber mais sobre a prole de um executivo do que ele mesmo.

Pois bem, aí existe o outro patamar, que é o do Chief Executive Officer (CEO), um cargo que pode ser equiparado ao do presidente de uma empresa.

CEOs são, frequentemente, muito dependentes de suas secretárias. Até aí, tudo bem, porque tem muita gente bacana nos ambientes corporativos – inclusive os gestores.

Mas a coisa mudou de figura quando eu passei a atender a pessoa mais extraordinariamente narcisista que eu já conheci em toda a minha vida.

Miranda é uma personagem fictícia do filme *O Diabo Veste Prada*. A protagonista é a assistente de Miranda, e a história gira em torno dos absurdos que Miranda (que é a editora-chefe de uma revista de moda) impõe ao seu time – e, especialmente, à sua secretária.

À época do lançamento do filme, o burburinho era sobre os disparates e a grosseria sem fim daquela gestora, com um jeito de desumanizar pessoas e reduzi-las a servas através de humilhações cotidianas, jornadas de trabalho intermináveis e recompensas raras. E o pior de tudo é o fascínio pelo glamour e o desejo urgente da secretária por executar todas as tarefas – o que me faz pensar, imediatamente, na síndrome de estocolmo (um transtorno psíquico em que a vítima se apaixona pelo sequestrador).

Miranda era um ser abominável. Fictício, ok, mas de um caráter desprezível.

Pois bem, e se eu contar que já atendi um executivo que faz a tal Miranda Priestly parecer um pônei feliz?

Sim. E houve muita tristeza nessa jornada.

As grosserias dele não me deixavam triste, longe disso. Eu ficava é com vontade de chacoalhar os ombros dele, de cuspir na cara dele, de pingar colírio no café dele (dizem que dá uma diarreia horrorosa, nunca testei). Ele me deixava com raiva e, na verdade, eu era uma das pouquíssimas pessoas que não sentia medo dele. E ele sabia disso.

Bem, já que eu batia de frente com ele em muitas ocasiões, posso dizer que ele me respeitava muito. Ele sabia que, se algo viesse, algo voltaria, porque eu nunca fui muito boa nessa coisa de levar desaforo para casa.

Então posso dizer que, aos trancos e barrancos (e bota tranco e bota barranco nisso), nossa relação profissional foi, digamos, equilibrada (muito em função dos meus esforços para que ele não me atropelasse como um rolo compressor, é claro).

Mas, tá, onde é que está a tristeza barraqueira neste causo aqui? Simples: eu ficava triste pelo fato de precisar daquele emprego.

Procurei outras vagas no mercado de trabalho e fiz algumas ótimas entrevistas. Certa vez, pasmem, eu havia passado para a próxima fase de um processo seletivo e recebi uma ligação informando que eu não poderia mais continuar, porque meu chefe era quem era e que "não podiam mexer comigo".

Várias pessoas foram "queimadas" em seus processos de saída da empresa, em suas tentativas de libertação da cultura tóxica promovida pelo reizinho que ele acredita ser. Isso deve ser ilegal, aliás, né? Ele já ligou para uma determinada companhia e acabou com a reputação de uma recém-saída colaboradora, apenas porque, para ele, é muito difícil aceitar o fato de que ele é um bosta – e que pessoas não gostam de bosta.

A verdade é que todos falam mal dele. Não consigo salvar um sequer da minha memória – e olha que eu convivia com muita gente! Fosse pobre, ele não teria nem mesmo vizinhos, de tão podre que a alma dele é. Mas ele tem muito a oferecer, e isso faz com que as pessoas que precisam de emprego (ou de status, ou de sabe-se lá o quê) fiquem orbitando em torno do umbigo dele, e assim ele vai alimentando o delírio de que é muito querido.

Me lembro bem de que era unânime a revirada dos olhos para cima, tal qual aquele emoji, todas as vezes em que o telefone de alguém tocava e era ele ligando. As pessoas sempre falavam um "puta merda, é o fulano", enquanto se preparavam para fingir entusiasmo a partir do "alô". E o xingavam depois de desligar. Sempre foi assim.

Sobre mim, a cada vez em que eu não conseguia me desvencilhar das garras dele, eu chorava muito, muito mesmo.

Certa vez, até cheguei bem perto. Finalmente, as coisas poderiam melhorar bastante.

Entretanto, eu precisava fazer a transição para a próxima secretária, e a minha substituta, obviamente, não aguentou o tranco que era trabalhar servindo o sósia do capiroto. Com a desistência dela, tive que permanecer onde estava.

Nesse dia em que eu soube que não me livraria dele, eu já sabia o que fazer: fui mais uma vez até a tal porta, girei a maçaneta e deixei a tristeza entrar de mala e cuia.

Eu me senti vazia, sem esperanças, profissionalmente sequestrada, em um cativeiro corporativo. Eu só queria ter um emprego "normal" – será que eu estava pedindo demais?

Me lembro bem do som do despertador tocando de manhã cedo, e também me lembro de já acordar chorando. Veja, eu não acordava primeiro e chorava depois, não. Eu acordava já de rosto banhado pelas lágrimas, porque eu chorava dormindo. Vejam o tamanho da merda emocional que era sentir-me presa nessa gaiola.

Porque, afinal, era isso: uma gaiola de portinhola aberta. Até existia a ilusão de que podíamos fazer entrevistas e dar uma olhadinha no mercado de trabalho, mas o reizinho infeliz sempre nos segurava onde estávamos!

Rolava uma espécie de lavagem cerebral também: o tal chefe louco sempre fazia os colaboradores acreditarem que não seriam nada longe dali; que era ele a fonte inexorável de talento e de realizações profissionais.

A você que me lê, atenção: **o que uma empresa te dá se chama espaço. O brilho é seu**. Lembre-se disso.

Depois desse episódio da quase-mudança-de-emprego, eu demorei bastante para parar de chorar. A tristeza estava todos os dias ali, do meu lado, baforando na minha cara a cada manhã em que eu já acordava nocauteada, sem ter ideia de como faria para ir trabalhar. Para você ter uma ideia, eu passei semanas sem me olhar no espelho antes do banho – e eu sempre me olhava no espelho ao tirar a roupa, até para ver se estava tudo no lugar, se eu estava inchada, se eu estava bem.

Mas eu não estava bem. E, assim, fui me encolhendo na beirada da cama, enquanto a tristeza se esparramava cada dia mais.

Certo dia, uma colega de trabalho me perguntou o que eu tinha. "Estou triste", eu disse. E foi muito duro perceber que a imensidão que eu sou havia cabido em apenas duas palavras: *estou triste*.

Minha psicóloga foi fundamental para me ajudar a elaborar tudo isso que eu estava sentindo. Falei muito sobre o tal chefe na minha terapia, muito mesmo *(será que peço reembolso para o escroto?)*.

Mas, novamente, de tanto ficar triste eu fiquei feliz.

Para dizer bem a verdade, eu sairia daquele manicômio corporativo para ganhar menos em outro lugar. Afinal, como diz uma certa propaganda de cartão de crédito, certas coisas não têm preço – inclusive a nossa paz.

Porém, Paizão é um cara firmeza demais e, ao receber a proposta salarial em um processo seletivo para trabalhar em um lugar muito mais legal, descobri que também ganharia bem mais. Ou seja: além de me livrar do mala-sem-alça que eu tinha o desprazer de chamar de *chefe*, eu ainda teria mais grana – o que permitiria que eu passeasse mais com o meu filho, comprasse coisas gostosas no supermercado e pagasse minhas sessões de terapia para elaborar o fato de que eu havia servido um maluco por anos.

Eu chorei baldes quando, finalmente, assinei um contrato de trabalho com outra empresa. E pedir demissão para o tal escroto foi uma das coisas mais gostosas que eu fiz na vida. Pena que eu não tinha uma polaroid à mão, para imprimir a foto da cara dele quando comuniquei que o deixaria. Essa foto seria a mais divertida do meu mural. Mas tudo bem, eu fotografei com a minha retina. E ainda me lembro desse dia feliz.

Eu nunca mais falei com o tal executivo. Não tenho o telefone dele, nem o Instagram dele, nadinha mesmo.

E hoje, trabalhando na minha clínica, sendo psicóloga, atendendo pessoas e aceitando-as incondicionalmente, eu percebo que cada lágrima me salvou: fui salva de humilhações, fui salva da ganância sem fim de um homem profundamente infeliz e fui salva, sobretudo, de uma versão de mim mesma que eu não queria ser.

Obrigada, tristeza. Você ali, esparramada no meu travesseiro, me fez pensar em uma saída. As ideias foram minhas, a coragem também. Mas a luz que iluminou o caminho... foi a sua, querida barraqueira.

A tristeza é chata, mas ela sabe o que diz

IMAGINE QUE VOCÊ ACABOU DE DESLIGAR O TELEFONE, e que a ligação recebida era da empresa para a qual você havia se candidatado a trabalhar.

Na linha, a moça simpática do RH dizia sentir muito pela sua não aprovação para a vaga, e ela havia aproveitado para afirmar que guardariam o seu currículo para futuras oportunidades. Como se isso fosse algum consolo por ter perdido a chance mais bacana dos últimos tempos.

Na entrevista – aquela na qual você podia jurar que tinha arrasado –, haviam lançado um feitiço sobre você na parte em que a cesta de benefícios da companhia era explicada em detalhes, quase como se quisessem te fazer sonhar acordado com a tal vaga de trabalho e com um cenário em que você poderia tolerar até mesmo a convivência com um chefe não tão legal, apenas pela delícia de ter um vale-refeição de x reais por dia, ou um vale-combustível que facilitaria seus rolês de final de semana (porque você pretendia economizá-lo de segundas a sextas, encarando o busão cotidiano pelo bem da praia do sábado). Ah, você estava mesmo precisando ir mais à praia! Ou ao clube; ou à piscina inflável mesmo, mas você sabia que precisava curtir mais a vida.

A tal vaga de trabalho, no fim das contas, traria isso: mais qualidade de vida. Afinal, no seu emprego atual, era estresse para todos os lados, com um vale-coxinha que o seu chefe, carinhosamente, chamava de *benefício*.

Pois bem, de volta à cena em que você desliga o telefone logo após ficar sabendo que não passou no processo seletivo: seu estômago fica revirado depois do tapa que a frustração te deu. Você já nem sabe se quer chorar, se quer sair correndo ou ficar ali, que nem estátua, no meio da rua, esperando uma boa alma vir te salvar daquele brejo emocional.

Você manda mensagem para uma amiga: *Não passei*, seguido por um emoji chorando e outro de coração partido. Ela responde que "não era para ser seu", e você nem sabe o que ela quis dizer de verdade com isso, mas percebe que não fez o mínimo efeito, porque você continua em pedaços. *Era só uma vaga, e há outras por aí*, você pensou.

Você se arrasta de volta para a sua mesa, quase como um caramujo soltando aquela gosminha enquanto não tem a menor pressa para continuar a jornada na empresa que você – para a sua infelicidade – ainda vai chamar de *firma*, ou de *trampo*, ou de *trabalho* por um bom tempo, até que a próxima entrevista te leve de volta para o mundo da esperança.

O dia se arrasta, e você sente que é mais fácil o relógio marcar meia-noite do que dezoito horas. Você só queria sumir dali, mas gostaria de manter o salário pingando na conta até encontrar outra coisa. Tipo uma licença remunerada até conseguir sair da empresa, só que paga pela empresa... será que é pedir muito?

Você chega à sua casa, e o coração aperta. *Não queria ter que contar sobre esse fracasso para ninguém*, você pensa. *Mas o foda é que eu comentei que tinha ido bem na entrevista e que a devolutiva seria hoje*, você reflete enquanto tenta atravessar a sala tipo o Jason ou o Mike Myers: sem ninguém te ver andando pela casa, apenas aparecendo no cômodo onde a cena do susto vai acontecer.

E, falando em cena do susto, você quase cai para trás ao ver o seu reflexo no espelho do banheiro: um rosto pálido, sem viço, sem esperanças. O rosto de quem vai ter que ir para o mesmo trabalho no dia seguinte, e no outro, e no outro também.

Você toma um banho demorado, e consegue entender perfeitamente aquelas pessoas das cenas que você viu na TV, que choram torrencialmente no banho, pressionando as costas nuas contra a parede de azulejos e deslizando para baixo, sofrendo, até que parem sentadas no chão do box para soluçarem pela desilusão que foi o clímax do filme. Replicar uma cena dessas é até tentador, porque parece que toda história tem uma volta por cima logo depois da cena do choro no chuveiro. Quem sabe, vai que funciona.

Ali, na sua cama, de cabelos pingando (porque você não teve ânimo nem para secá-los direito com a toalha), você sente aquele nó na garganta: uma vontade de sabe-se lá o quê, você não consegue explicar. Parece que tem uma mão dentro do seu peito, esmagando seu coração lentamente, como a mãozinha de uma criança apertando um *slime* colorido e grudento. Algo está esmagando o seu coração, você só não consegue dar um nome a isso.

Você começa a se lembrar da trajetória no emprego atual, desde o primeiro dia, até aquele dia infernal. Se lembra de como o seu coração transbordava esperança no início, porque você achava de verdade que a sua vida iria melhorar com aquele emprego.

O cargo não era lá essas coisas, mas você estava de olho nas promoções que poderiam vir depois de muito trabalho duro – e viria mais grana também.

Ah! A grana! Você sempre teve uma situação financeira apertada, e um bom salário poderia proporcionar aquilo com o que sonhava tanto: jantar fora, passear, viajar.

Coisas simples e pequenas para muitos, mas verdadeiros tesouros para você.

Com uma poça já formada pelos cabelos pingando, seu lençol parecia estar perguntando quando é que você iria deixar o orgulho de lado para, finalmente, ensopá-lo de lágrimas. O aperto no peito havia aumentado. *Será um infarto?*, você pensou.

E, ao lembrar-se dos jantares imaginados, das viagens planejadas e dos passeios fantasiados – todos eles sem quaisquer perspectivas de virarem realidade –, você se entregou. Jogou a toalha, literalmente. E ali, sem roupa e com um fiapo de dignidade, se encolheu em posição fetal e chorou.

Chorou mesmo, como há muito tempo não chorava. Chorou a ponto de escorrer o nariz (aliás, que hábito nojento esse que o nosso corpo tem de nos humilhar com melecas quando já estamos afogados em lágrimas).

E a tristeza – aquela mesmo, a barraqueira – entrou pela porta, jogou as tralhas no chão e ficou ali, do seu lado.

Você sempre achou meio sinistra essa coisa de te olharem dormindo, mas não se assustou ao acordar do cochilo e ver a tristeza ali, te encarando. Em vez de medo, você sentiu curiosidade: *O que será que ela quer de mim?*

Bastou piscar os olhos e as lágrimas já estavam escorrendo rumo ao travesseiro, fazendo suas bochechas de tobogã. E você se lembrou do vale-refeição "de milhões" que não iria mais ser seu. Você se lembrou dos jantares nos restaurantes bacanas – os que você havia fantasiado – e que permaneceriam, para sempre, sendo apenas promessas que você se fez.

A tristeza te abraçou. Você não sabe se por piedade, ou porque ela é uma filha da puta mesmo, mas ela quase te esmagou ao te puxar para mais perto. Você percebeu a respiração gelada dela chegando cada vez mais próximo das suas orelhas, quase como se as palavras que ela estava prestes a dizer pudessem te colocar um brinco.

Ela, finalmente, rompeu o silêncio: *Você só queria se divertir mais, né? Que a vida não fosse apenas trabalho e busão lotado. Você só queria viver.*

E ali, no abraço da sua grande rival, você entendeu o que tanto queria da vida.

Você nem se lembra de ter adormecido, apenas sabe que acordou de olhos inchados. *Droga*, você pensa. *Vou precisar de uma compressa de chá de camomila nessa cara antes de ir trabalhar. Será que ainda tem ou eu usei todos os sachês quando tomei meu último pé na bunda?*

Surpreendentemente, você já não sente mais que tem um buraco no meio do peito. O nó na garganta também se foi. Aliás, você até que toparia ouvir uma musiquinha animada enquanto tomasse banho para ir para a labuta.

Você estava... hummm... *diferente*.

No ônibus, você sente um golpe de vento no rosto, porque teve a sorte de estar de pé ao lado de uma moça que se levantou para descer na Avenida Paulista. *Amo quando alguém que está sentado precisa sair do busão*, você pensa enquanto coloca o nariz, a boca e o queixo para fora da janela ao seu lado, tal qual um poodle andando de carro –, mas você não é um poodle e está em um "carro" de 42 lugares.

O vento no rosto te traz uma certa esperança, mas você não sabe muito bem do quê. Você só consegue ter bastante certeza de que as coisas estão melhores do que no dia anterior.

Ao chegar no trabalho, você topa com o seu chefe no corredor, quase derrubando o café dele – deu até aquele geladinho no coração, só de pensar naquela criatura toda respingada.

Vocês se olham por um breve instante e, para a sua surpresa, a sua boca se abre e você diz: "Chefe, podemos conversar?".

Suando de desespero e confiando cegamente no poder do seu desodorante, você se senta diante dele na sala de reunião mais próxima. *Onde é que eu estava com a cabeça?*, você se pergunta, desesperadamente.

Você respira fundo e diz: "Chefe, eu preciso de um aumento".

Nem você acreditou nas palavras que pularam da sua garganta, rumo às orelhas do homem ranzinza que estava te encarando, surpreso. Você havia acabado de pedir um aumento, e agora era a hora de torcer para que sua morte não fosse lenta e dolorosa. Talvez ele te jogasse janela abaixo, será que ele conseguiria te levantar do chão para te lançar contra a vidraça?

Sim, já está na hora mesmo, você está há muito tempo conosco. Ainda bem que me lembrou disso. Vou falar com a moça do RH, e pode esperar a diferença no salário já para o próximo mês, ele diz meio sem jeito, claramente sem qualquer talento para lidar com pessoas –, mas foda-se, porque ele aumentou o seu salário!!!!!!!!!!!

Um ano se passou desde aquele dia em que você saiu de uma salinha de reunião se sentindo feliz porque ganharia mais. E hoje, olhando para o mar, com os pés enfiados na areia morna, curtindo suas férias na praia que tanto queria conhecer, você percebe que, de fato, você só queria viajar mais, aproveitar mais, viver mais.

O sol logo mais irá se pôr, e você ainda precisa tomar uma ducha antes de ir para aquele restaurante cheio de luzes coloridas –, que hoje tem uma reserva com o seu nome e o seu sobrenome. Você vai comer lagosta pela primeira vez e se pergunta se irá mesmo gostar do sabor.

Há um ano você recebeu o abraço mais importante da sua vida: o da sua companheira de algumas noites, porque às vezes ela ainda te encontra; o da chata que sempre te fala verdades, e por isso dói tanto antes de te libertar; o da melhor conselheira, que abriu os seus olhos para o que realmente precisava ser feito.

Tristeza, minha grande amiga, seu abraço me abriu um clarão. E hoje eu estou, finalmente, feliz.

Eu sabia que existiam ex-namorados, ex-chefes, ex-maridos, mas descobri que existem ex-amigas

A AMIZADE É UMA FORÇA DA NATUREZA. Digo isso porque é um amor (quase sempre) sem sexo, sem outras agendas, sem muitos interesses que não o doce sabor de estar vinculado a alguém por pura escolha.

Amizades são coisas meio sagradas, meio mágicas e muito interessantes: pessoas diferentes, criadas em contextos diferentes, mas que se escolhem para partilhar a vida bem de perto ou à distância.

Aliás, essa habilidade que os amigos têm de funcionarem bem mesmo sem contato físico é algo extraordinário, tipo aqueles bichos hermafroditas que procriam mesmo sem um par por perto, simplesmente porque sim. Amigos continuam amigos porque sim, ainda que não se vejam por um tempo.

Amizades são cantadas, viram poesias e posts de Instagram. Ter um amigo é quase como uma premissa para viver em sociedade sem enlouquecer, porque às vezes precisamos de um ombro para chorar os desamores que encontramos por aí; é também ter uma orelha à disposição, ainda que, de vez em quando, a gente despeje muita bosta em forma de palavras –, mas um bom amigo ouve, concorda ou discorda, ou zoa a nossa cara, e a vida segue menos cinza.

Acho que é isso: amigos fazem a vida ficar menos dura, menos áspera e menos azeda.

Pensando aqui nas subclasses das amizades, imediatamente me ocorre que há os melhores amigos – aqueles em quem a gente confia de olhos fechados, com quem a gente conta para tudo, e a quem a gente defende na unha, se precisar; há os amigos-amigos, porque eu amo esse jeito brasileiro de falar que uma coisa é só aquilo mesmo, sem adendos, mas ainda assim é muito potente (tipo "eu tomei um café-café mesmo", ou "eu estou com fome-fome mesmo" etc.); e há os amigos de infância. E é sobre esse último subtipo que eu quero falar.

Bem, eu sempre fui boa em manter amizades ao longo dos anos: eu ainda falo com pessoas com quem trabalhei há muito tempo, com ex-colegas de faculdade, com ex-colegas de Ensino Fundamental. Não que eu seja aquela que sempre manda mensagem ou que troca memes o dia todo. Aliás, sou bem o oposto: escrevo pouco, demoro para responder, sou zero presente no cotidiano. Mas acredito que, embora os contatos sejam espaçados, a verdade é que eu só rompo bons laços se eu tiver bons motivos. Caso contrário, as pessoas seguem comigo, e eu com elas, por essa jornada *mucho loca* que é a vida nesses nossos tempos.

Amigas de infância, para mim, sempre foram pessoas meio sagradas, tipo aquela gaveta do chefe (que você jamais vai abrir), ou o mar revolto (onde é melhor entrar com respeito), ou um beija-flor (que é lindo e extraordinário a ponto de nem tentarmos atrapalhar o rolê dele, de tão bacana e foda que ele é). Amigas de longa data são algo extraordinário.

Amigas de infância sempre foram certezas para mim. Certezas porque é algo dado, estabelecido, solidificado ao longo dos anos, e que presume um profundo conhecimento de uma pessoa sobre a outra. Sendo assim, amigas de infância estiveram, estão e estarão sempre ali, fazendo parte da sua vida, te amando e te aceitando incondicionalmente, porque vocês se conhecem demais e porque o amor as trouxe até aqui através dos anos. Certo?

Errado.

Certa vez, eu tive a oportunidade de passar um bom tempo ao lado de amigas de longa data. Longos anos mesmo, tipo a maior parte das nossas vidas. Cada uma de um jeito, e todas convivendo sob a promessa tácita de se amarem e se divertirem juntas, sempre juntas, venha o que vier.

Eis que, sem aviso, fui tomada por golpes sucessivos de decepções, por perplexidade ao ouvir frases machistas ditas por (pasmem!) mulheres, por incredulidade ao perceber que havia fofoca a essa altura do campeonato. Nós, mulheres rumo aos quarenta, como pode isso?

Uma vez ouvi uma frase que achei sensacional: *o ato mais difícil é o de não fazer nada*. E é verdade. Calar é difícil, é duro, arde as entranhas. E eu, obviamente, não me calei.

Falei que não concordava, falei que não estava gostando de certas coisas, falei sobre o meu luto – que estava começando a acontecer. O luto de enterrar as amigas fantasiadas – aquelas de quem eu me lembrava tão bem – e de abrir espaço para as amigas reais. Mas... peraí... eu não queria essas amigas reais, com aqueles pensamentos medievais e espinhosos. **Eu não queria ter ao meu lado mulheres que pisavam em mulheres.**

Ser mulher é uma imensidão! É tão profundo e multifacetado esse assunto, mas fica fácil de resumir em uma frase: ser mulher é foda!

Foda de delicioso, foda de poderoso, foda de lindo, foda de difícil, foda de injusto, foda de assustador.

Eu ainda me lembro dos absorventes encharcados, das cólicas e do medo de ter vazado na calça clara; eu me lembro do machismo que eu já sofri; me lembro de quando fui agredida e abusada; eu me lembro da delícia de ser mãe e me lembro do dilaceramento que é ser mãe; me lembro de como é lindo quando consigo ser cidadã; me lembro do medo que senti e ainda sinto nas ruas escuras, e na companhia de homens; me lembro do esforço, dos sonhos, do meu suor; me lembro da minha avó, da minha mãe, da minha irmã e da minha afilhada.

Então, não. Eu não posso admitir que mulheres ajam como se não se lembrassem de nada, como se elas mesmas também não conhecessem a vastidão do que é ser mulher. Elas sabiam, mas agiam como se não soubessem. E eu senti que não queria ser testemunha de outras cenas assim, tampouco ouvir outras frases como as que ouvi. A escolha da permanência, quando nos é dada, é um presente que precisamos usar com muita responsabilidade. E eu escolhi não permanecer.

Depois do tal tempo de intensa convivência, tirei um momento para pensar. Chorei muito, muito mesmo, porque eu sabia que estava no funeral das amigas que um dia tive, e que precisava me despedir delas. Eu sabia que seria sem volta, e por isso entendi que se tratava de um velório simbólico, de um adeus que eu precisava ruminar bastante antes de romper laços.

Eu chorei por dias, pensei muito, e ponderei se eu bancaria mesmo a decisão que estava prestes a tomar. Aí me ocorreu que eu, na verdade, já havia me decidido – apenas não havia comunicado a elas a minha decisão.

Elas, obviamente, também estavam fazendo suas próprias reflexões, e eu imaginava que, provavelmente, estivéssemos desejantes da mesma coisa: um corte.

A tristeza me fez companhia o tempo todo, e eu sabia que era hora de sofrer. Eu sabia que precisava pagar algumas parcelas de dor, uma por dia, até que eu estivesse pronta para quitar o assunto ao romper de vez com as meninas que haviam virado mulheres.

Eu entendi que posso, sim, amar as meninas do passado. Aliás, eu as amarei para sempre e guardarei os segredos delas. Eu vou me lembrar das risadas, das descobertas, das festas, das aventuras e dos abraços que remendaram muitos corações adolescentes partidos em mil. Eu posso sentir afeto por elas, posso honrar esse passado e posso torcer e rezar para que elas sejam felizes pela vida afora. Eu quero muito que elas sejam felizes, e acho de verdade que elas serão. Mas eu entendi que não queria estar nesse futuro, não com elas. Eu precisava de um futuro meu, e queria estar cercada de pessoas com ideias maduras, inclusivas, humanas. Eu queria mais humanidade e sabia que precisaria amputar um pedaço meu para que todo o restante de mim pudesse seguir em paz.

Afinal, é sobre isso: estar em paz. Eu sentia que havia algo ali, incomodando, perturbando, pendente. E precisava fazer algo a respeito, algo por mim.

Mandei uma mensagem de despedida no grupo que tínhamos juntas, explicando brevemente que eu as amaria para sempre, mas que o sentido daquilo ali havia se perdido. Saí do grupo e foi a última vez que chorei por elas.

Hoje, tempos depois, ainda me lembro delas de vez em quando, especialmente nos aniversários. Eu rezo baixinho, peço coisas boas – para elas e para mim – e deixo que a vida cicatrize o resto.

A tristeza me mostrou que eu posso, sim, velar as memórias, as lembranças das meninas que me viram crescer; que posso chorar o quanto eu quiser, até que eu não queira mais; e que cada lágrima que derrubei foi um abraço à distância que dei em cada uma, dizendo adeus a cada soluço, até que eu as tivesse abraçado o suficiente.

A tristeza ficou ao meu lado e acinzentou os meus dias. Mas foi ela quem também me devolveu a paz.

A tristeza como produto de celebridades

O MUNDO DOS FAMOSOS PARECE FUNCIONAR de maneira muito diferente do nosso mundo (esse daqui, dos reles mortais). Isso porque eles, muitas vezes, tornam públicas algumas questões que nós pagaríamos para manter trancadas a sete chaves.

Se você levar um belo par de chifres, por exemplo, pode até ser que você decida fazer um *exposed* e sair botando a boca no trombone. Afinal, para algumas pessoas, expor o algoz é parte da salvação do próprio pescoço. Mas, frequentemente, as pessoas preferem sofrer, gritar, chorar, espernear e perder o prumo na privacidade de suas casas, ou no restaurante enquanto jantam entre amigos, ou na casa de uma amiga, ou na sessão de terapia, ou em uma viagem para a puta que pariu – que traz consigo aquela ilusão de que para termos uma vida nova precisamos primeiro sair da nossa cidade.

Na contramão desse nosso desejo de permanência na nossa concha, algumas celebridades decidem expor as tragédias amorosas para muitas pessoas. E aí é que está a grande diferença: um restaurante que abrigue suas lágrimas enquanto você tenta jantar com uma amiga vai ter umas cem pessoas. Famosos divulgando suas vidas na TV ou nas redes sociais atingem **milhões** de pessoas. É isso mesmo: milhões. Sério, é muita gente.

Quando emoções são assumidas e escancaradas em veículos de comunicação em massa, um enorme favor é prestado para a humanidade – afinal, as pessoas se conectam, se inspiram. É a grande argamassa social, a melhor cola do mundo: a identificação.

Poxa, a fulana está passando pela mesma barra que eu passei, você pensa enquanto lê um post carrossel com um belo textão embaixo. Até aí, tudo lindo.

Contudo, como nem tudo são flores, essa exposição também presta um brutal desfavor: passamos a encarar a tristeza como algo que traz consigo um interesse mercantil.

Tem sido cada vez mais comum ouvir que a beltrana estava chorando na TV para ganhar audiência para o documentário que lançaria semanas depois; ou que alguém estaria caçando seguidores através de suas lágrimas. Está acontecendo um processo de descredibilização (que palavra estranha de digitar, credo) da tristeza. Ela tem perdido a credibilidade, o papel importante, a moral de pentelha, a presença ameaçadora. Ela tem virado uma estratégia.

Se você ouve falar que ovo faz mal, que ovo tem colesterol, que ovo entope veias, que ovo é isso e aquilo, vai chegar o dia em que você vai se perguntar se deve mesmo pegar aquela caixinha de papelão ruim – com aquela textura que só uma caixa de ovo consegue ter – e colocá-la no seu carrinho de supermercado, porque, afinal, você se lembra muito bem das tantas vezes em que pensou: *deve fazer mal mesmo.*

E se te dizem que ovo faz bem, que tem proteínas, que ajuda a dieta a funcionar, que tem isso e aquilo outro de benefícios, você vai passar pelas tais caixinhas e pensar: *hummm, acho que sim.*

Somos muito suscetíveis às coisas que vemos e ouvimos. Somos moldáveis.

Pois bem, agora pense na celebridade que posta stories chorando quando uma outra celebridade falece; ou na famosa que anuncia uma separação em um programa de TV. Essas pessoas podem influenciar você a querer ganhar algo em troca das suas lágrimas.

Que a nossa tristeza nos faz maiores, já sabemos neste ponto do livro: ela bate, mas nos ensina a ficar de pé. Mas é um ganho entre nós e nós mesmos, saca?

Quando você chora, você ganha autoconhecimento – e algumas rugas também. Mas você é quem dá e quem recebe o presente.

Essa questão de transformar a tristeza em um produto midiático pode fomentar nas pessoas a ideia de que existe um prêmio para um choro bem-soluçado; de que existe uma obrigação do outro para com você, pelo simples fato de você ter entregado suas lágrimas para ele.

A tristeza tem virado dívida. Afinal, se a fulana vai a um programa de televisão e chora pelo ex-namorado, o mundo passa a esperar que ele faça algo parecido: que ele se contorça no chão como um besouro virado de costas, louco para se salvar daquilo; que ele chore, e que poste muito conteúdo com os olhos inchados e o nariz vermelho; que ele seja fotografado indo à padaria de moletom surrado, cabelos malcuidados, olheiras em evidência.

Mas se o tal ex é flagrado vivendo normalmente, sendo feliz ou, simplesmente, fazendo as coisas que sempre fez, é o suficiente para que o "cancelem", para que digam que ele não tem sentimentos, e como ele estava apenas usando a pobrezinha da fulana.

Passamos a entender a tristeza como algo que precisa de um par: se de um lado existe uma pessoa de coração partido, do outro lado também precisa haver. Parece que se criou uma lógica de equivalência de emoções entre as pessoas, porque os entristecidos já não se permitem estar sozinhos nessa travessia. Eles querem, cada vez mais, uma companhia no fundo do poço, alguém para ficar na merda junto, uma presença que demonstre estar sofrendo também.

Porque, afinal, a demonstração é o grande barato dos dias de hoje: não basta estar triste. A celebridade precisa demonstrar estar triste, precisa postar o textão dilacerador, precisa ir à TV falar sobre o assunto, precisa dar mil entrevistas enquanto se debulha em lágrimas, e *ai* do outro se ele também não estiver fazendo o mesmo!

Meus amores, vamos lá: cada um que lamba as suas feridas à sua maneira. Não necessariamente a pessoa que não está chorando está feliz. Ela pode estar em frangalhos, perdida, assustada, magoada e infeliz, mas talvez ela simplesmente não queira que você saiba disso!

E está tudo bem!

Nem sempre o sujeito que chora e esperneia está sofrendo mais do que quem está calado. Toda dor é legítima. E cada um sente a tristeza de uma forma.

Sendo assim, quando chegar a sua vez de sofrer, faça a sua travessia desse lamaçal. Dê as mãos para a tristeza e saiba que você e ela baterão um papo particular, muito de vocês, e que as travessias dos outros são problemas dos outros.

Não espere que suas lágrimas sejam uma mercadoria ou que elas gerem qualquer recompensa. A verdade é que quando a gente está ferido, nenhuma permuta é capaz de calar aquele peito que arde de tanta angústia. Ver o outro dando algo em troca da sua tristeza só vai apaziguar as coisas por um breve momento e, depois, lá vai você rumo ao brejo novamente.

Lágrimas jamais serão bons produtos, justamente porque são tesouros. São um manifesto da nossa dor, uma declaração corajosa de que somos gente, são o desaguar de um peito que transborda.

Mais respeito pela sua tristeza, ok?

A noite em que eu fui agredida por um homem

HÁ ALGUNS ANOS, EU ESTAVA EM UM RELACIONAMENTO ESTÁVEL, com um homem bem mais velho do que eu. Partilhávamos a vida, a rotina e tínhamos muitos planos juntos – o que fazia com que eu o incluísse em quase todos os meus sonhos e vislumbres de futuro.

Éramos felizes, quase sempre.

Entretanto, como este livro é sobre a tristeza, já deu para sacar que a história linda vai ter uma reviravolta nas próximas linhas, né?

Além disso, o título deste capítulo diz, em uma frase, tão mais do que tantos textos!

Bem, deixe-me respirar fundo para escrever isso aqui. A terapia está em dia – ainda bem! – e eu já consigo olhar para isso sem me culpar por algo que nunca foi culpa minha. Três, dois, um – *respira, Juliana* – vamos lá.

Certa vez, eu e esse cara discutimos. Para dizer bem a verdade, foi por um motivo tão besta, tão diminuto, que me dá ódio de pensar que uma gota tenha levado a um oceano.

Que ele tinha o temperamento, digamos, *difícil*, eu já tinha percebido. Eu era nova, mas não era otária. Ele tinha o famoso pavio curto, porque o humor dele ia de zero a cem em um piscar de olhos.

Ele gritava, xingava, explodia –, mas nunca comigo. Ele já tinha brigado com praticamente todo mundo que conhecíamos, e eu deveria ter entendido o óbvio: se eu estava na vida dele, um dia sobraria para mim também.

Ele chutou o ventilador de mesa certa vez; ele deu um soco no galão d'água – que chegou a se deformar e foi aquela molhadeira na cozinha; ele jogava coisas, batia portas. Ele sempre me mostrou como seria ruim se, em um dia qualquer, ele decidisse atacar o meu corpo. É a típica intimidação de um sujeito que batia perto para me avisar sobre quão ruins as coisas poderiam ficar.

Eu continuei na relação? Claro que sim. E hoje entendo que isso não precisa me levar a um caminho de culpa, porque se eu tivesse ficado em um vínculo saudável, nada demais teria acontecido. Ou seja: se a coisa ficou feia depois, não foi porque eu permaneci, foi porque ele não soube lidar com a minha permanência. E eu não vou carregar uma responsabilidade que é dele.

Pois bem, de volta àquela noite: estava fazendo um frio desgraçado, e eu sempre fui a pessoa que dorme de edredom até no verão. Eu sinto que preciso estar quentinha e abrigada para conseguir pegar no sono, então a temperatura é algo que mexe demais comigo.

Tudo bem que, hoje em dia, estou em um estado de menopausa química em função do tratamento pós-câncer, e isso me rende ondas de calor inacreditáveis! Mas, em linhas gerais, para dormir eu preciso estar aconchegada em um ninho morno. É mais ou menos isso.

Discutimos pelo motivo mais aleatório do mundo, e eu decidi ir me deitar. Eu não queria brigar por algo tão pequeno, tão banal. Minha vontade era de que ele se acalmasse, e depois conversaríamos com a cabeça no lugar, provavelmente no dia seguinte.

Ele levantou a voz, os olhos arregalados, os dentes acirrados, parecia um bicho mesmo. Eu, é claro, percebi que tinha chegado a minha vez de encarar aquela ferocidade toda, e disse que não fazia sentido para mim que brigássemos naquela noite. Falei para ele que seria melhor esfriarmos a cabeça e conversarmos depois que o sol raiasse, porque gente de cabeça quente faz e fala umas merdas inacreditáveis.

Perguntei se podia dar nele um abraço de boa-noite, ele disse que não.

Fui para o banheiro, escovei meus dentes, quase tive meu bumbum congelado ao sentar-me no vaso sanitário para o xixi da noite, peguei o meu pijama quentinho no quarto e, como de costume, me aninhei no edredom.

Rezei por alguns minutos, como faço todos os dias, sem falta. Para falar a verdade, acho que eu nem sei pegar no sono sem rezar e, até nos dias em que estou super cansada, eu rezo antes e relaxo depois.

Fechei meus olhos e me senti sendo arrebatada para aquele túnel do sono, um estado que parece um transe, quando a gente está meio acordado e meio dormindo, sabe?

E foi aí que aconteceu.

Inicialmente, eu não entendi o porquê de ter água entrando nas minhas narinas em vez de ar. E eu também tive dificuldade de compreender o motivo de tudo ter ficado tão gelado e horrivelmente desconfortável. Abri os olhos em um pulo e tossi para tentar contornar o engasgo. Sentei-me na cama e, perplexa, eu entendi: ele havia despejado uma jarra de água gelada sobre mim.

Tentando recobrar os sentidos, consegui ouvi-lo me xingando de vagabunda e dizendo que eu não podia simplesmente ir dormir enquanto ele ficava nervoso na sala; que eu precisava ser mulher e encará-lo, e que a culpa daquilo tudo era minha, porque eu o havia deixado nervoso.

Você tem ideia do tamanho desse absurdo? Eu era culpada pelo analfabetismo emocional dele? É sério isso?

Um troglodita musculoso, bem crescidinho, um homem adulto terceirizando a responsabilidade sobre sua raiva? Eu é que devia "me comportar bem" para que ele não ficasse frustrado e nervoso?

Hoje, sendo psicóloga e tendo a autoestima melhor do que a da Nazaré – personagem maravilhosa e icônica da novela *Senhora do Destino* – percebo o quão empobrecido e até vergonhosamente ridículo era o ego desse homem que eu chamava de *amor*. Nem consigo sentir pena, porque ele não se esforçava para ser uma pessoa melhor.

O que eu sinto? Li-ber-da-de! Como é gostosa a minha vida sem ele!

Cada célula do meu corpo tremia conforme eu ia entendendo que havia sido agredida. Eu me levantei da cama, com os cabelos pingando, os cílios molhados, gelada, triste. Nem sei o que ele falou enquanto eu me enxugava com a toalha que peguei no banheiro, porque eu só via a boca dele se mexendo e os olhos ainda arregalados, mas o mundo estava no mudo. Sem som. Sem voz. Sem ele. Sem mim.

De roupas secas, mas de coração estraçalhado, peguei meu filho na caminha dele e passei a mão pela alça da minha bolsa. É como se o volume da voz dele tivesse voltado apenas na parte em que ele me perguntava para onde eu estava indo, e eu me limitei a avisá-lo que não se aproximasse e que não me ligasse, porque eu estava pronta para ir à delegacia caso ele não recuasse. Ele recuou. Fechei a porta atrás de mim e o corredor do décimo primeiro andar me engoliu, porque o sensor da luz estava com problema, e a lâmpada não acendeu.

Fiquei ali, parada no escuro, com o meu filho dormindo no meu ombro direito, sentindo o cheirinho de shampoo nos cachinhos dele e assustada demais para conseguir chorar.

O elevador chegou com um clarão, e eu me lembro que pareceu uma eternidade o deslizar até o térreo, porque era como se a minha alma estivesse fora de mim. Eu me sentia suspensa, alheia, alhures, oca. É isso: eu estava oca, vazia. E lá fui eu, descendo por trinta e três metros em uma caixa metálica, com o meu instinto materno de mãos dadas ao meu instinto de sobrevivência.

A porta se abriu. Hall, portaria, um sorriso sem graça para o porteiro – *Oi, boa noite!* – portão se fechando, passos no escuro, vento gelado no rosto, uma ajeitadinha na manta que cobria o meu menino, meu braço estendido fazendo sinal na avenida, um táxi parando, um táxi se movendo, eu e meu filho a salvo de uma noite estranha e infeliz.

O hotel que eu conseguia pagar era simples de doer, mas era digno e seguro. Tranquei a porta do quarto modesto, e depois conferi de novo se ela estava fechada mesmo. Acomodei meu filho na cama e rasguei com as unhas o plástico fino que revestia o cobertor extra que achei no apertado armário.

Cobri meu menino, me deitei ao lado dele, e percebi que meus cabelos ainda estavam molhados. Eu estava gelada, e minhas unhas estavam roxas.

Senti um golpe avassalador da tristeza, que me nocauteou sobre aquele travesseiro fino com cheiro de nada. Meu filho dormia tão bonitinho, tranquilo, e nem tinha acordado durante toda a confusão. Que bênção era saber que ele não havia presenciado aquilo tudo! Assim que amanhecesse, eu diria a ele que estávamos em um hotel porque a mamãe havia decidido dormir em um lugar diferente desta vez.

A primeira lágrima abriu os enormes portões para todas as outras que vieram em seguida. Chorei muito, chorei demais mesmo. Chorei enquanto tentava compreender que, sim, era realmente verdade: eu havia sido agredida. Havia acontecido comigo.

Tudo aquilo parecia surreal demais. Parecia um pesadelo desses bem estranhos que a gente tem às vezes: fatos confusos, um após o outro, culminando em uma angústia tão grande que nos faz acordar. Mas eu não tinha outra realidade na qual acordaria. Era aquilo mesmo, era vida real, era de verdade.

Chorei até dormir, e a tristeza pernoitou ao meu lado, abraçada às minhas costas como um filhote de coala, fazendo com que o simples ato de respirar fosse um fardo. A barraqueira se instalou ali e, aliás, foi olhando para a cara dela que eu acordei no dia seguinte.

Meus olhos estavam tão inchados que mal se abriam. Eles estavam ardendo, como se brasas tivessem sido enfiadas nas minhas córneas enquanto eu dormia derrotada. O cabelo já havia secado, mas as lágrimas não.

Olhei para o lado e vi que meu filho já havia acordado. Ele estava ali, deitadinho, me olhando. Bonzinho demais, lindo demais, inocente demais para estar no meio daquele merdeiro todo.

"Oi, filho, bom dia. Você dormiu bem?", perguntei e ele confirmou com a cabeça dizendo que sim, enquanto reparava no teto que não era o do quarto dele, na cama que não tinha os lençóis estampados que ele tanto amava. "Viemos dormir em um lugar diferente, mas já já iremos para casa, tudo bem?", eu disse, esperando que ele não se traumatizasse. Ele fez que sim com a cabeça novamente, e eu o abracei por longos segundos.

A verdade é que **eu** estava traumatizada. Eu já havia entendido que as memórias daquela noite me assombrariam para sempre, e que eu havia passado por uma experiência daquelas que marcam a ferro e fogo. Me senti um gado, marcado com o logotipo da fazenda do dono, com o couro queimado pelo aviso de posse. **Me senti marcada por ele**, com uma queimadura emocional que, eu bem sabia, me acompanharia enquanto eu respirasse.

E se hoje, tantos anos depois, escrevo essas linhas de olhos encharcados, é porque eu tinha razão sobre estar marcada para sempre.

Você já se sentiu assim?

Liguei a televisão do pequeno quarto de hotel para distrair meu pequeno. Na verdade, eu não queria encará-lo por muito tempo, porque não tinha a menor ideia do que responderia caso ele me fizesse perguntas. O som alegre e as imagens coloridas invadiram aquele modesto lugar, e ele, assistindo ao desenho animado, me deu o espaço de que eu precisava para me lançar de volta aos braços da tristeza.

Me levantei do colchão nada macio e fui até o banheiro, que tinha um espelho já desgastado pelo tempo. Me olhei e não me reconheci.

Quem era aquela moça ali? Aquela, de olhar vazio, triste, pálida, de pálpebras inchadas e olhos castanhos que pareciam ter ficado mais escuros, foscos, descrentes?

Girei o registro que se unia à parede por uma peça metálica bastante enferrujada e levei um pequeno choque elétrico no momento em que o barulho do chuveiro ligado chegou aos meus ouvidos. No susto, retirei a mão rapidamente, e isso me fez chorar demais. Não porque o choque tenha doído muito – ele só incomodou um pouco –, mas porque naquele reflexo de autopreservação eu percebi que ainda queria o meu bem. Eu ainda queria ser amada, respeitada, feliz.

Mergulhei a cabeça sob as incontáveis gotas de água quente e deixei que as minhas lágrimas se misturassem a elas.

Fiz questão de secar o meu cabelo, porque cabelos molhados agora significavam demais. E, ao longo dos anos, eu desenvolveria uma repulsa a secadores de cabelo, justamente porque eles me lembram daquele secadorzinho do banheiro do hotel. Por muito tempo, quando indagada se eu secava meu cabelo, respondi que detestava secadores por causa do vestiário da natação – atividade que eu fazia quando pequena, por volta dos sete anos. Pois, hoje, eis-me aqui assumindo que odeio secadores porque eles me lembram de que fui molhada por um agressor. Aliás, até mesmo os secadores de mão me despertam um inacreditável desconforto, e eu, quase sempre, sou aquela pessoa que sai do banheiro do posto, em meio a uma viagem de carro ou ônibus, com as mãos molhadas, abanando os dedos ou fazendo a roupa de toalha. E aquele som do secador no banheiro público é sempre, sempre mesmo, um soco no meu estômago.

Fiz o check-out como quem deixa um abrigo antiaéreo rumo ao desconhecido, em direção a possíveis novos bombardeios, apavorada e, ao mesmo tempo, confiante. Eu iria à delegacia? *Acho que não*, pensei, enquanto me tremia ao recordar que o tal cara tinha um familiar que era advogado – e dos bons.

Se fosse hoje? Eu, certamente, faria um boletim de ocorrência e pediria medida restritiva.

Mas não foi hoje, né? Foi há muitos anos, quando eu ainda era meio menina, quando ainda não sabia da minha potência para dizer a uma pessoa o que ela não poderia fazer comigo, de jeito nenhum. Eu ainda tinha medo da minha tristeza, tinha vergonha dela. Eu ainda achava que chorar era derrota.

Eu me sentia derrotada pelo homem que eu chamava de *amor*. E foi de cabeça erguida pelo orgulho, mas me sentindo miserável por dentro, que eu coloquei a chave na fechadura e girei o trinco.

"Finalmente você voltou", ele disse.

"Sim", falei, "e precisamos conversar".

Levei meu filho para o quartinho dele e tive a conversa mais dura de que me lembro. E decidi ficar.

Ele nunca mais me agrediu fisicamente. Ele levantou a voz algumas vezes e me xingou tantas outras. Um belo dia, eu disse a ele que não queria mais chamá-lo de *amor*, e que seguiríamos caminhos separados. Ele me infernizou por um tempo, mas eu já estava mais forte.

Sabe, eu bebia pouca água... sempre levei bronca dos médicos porque não consumia os tais dois litros de água por dia. Então, todas as noites, eu costumava beber uma garrafinha inteira, na burra esperança de estar fazendo um favor ao meu organismo.

Gente, mas que mulher doida! Ela estava falando sobre um relacionamento violento, e agora está contando sobre a hidratação do dia?

Sim. Porque, em função da tal garrafinha d'água que eu entornava todas as noites, eu acordava todas as madrugadas para fazer xixi. Ia até o banheiro tateando no escuro, grogue de sono, mas a água fria da lavagem das mãos depois de urinar sempre me despertava um pouquinho. E, todas as noites, ao sair do banheiro, eu olhava para o tal homem, ali, dormindo. *Acho que não quero mais estar com ele,* eu pensava toda vez. Voltava para a cama, e em algumas ocasiões a tristeza dormia de conchinha comigo, sussurrando nos meus ouvidos as mais diversas coisas, dentre elas a tomada de coragem.

Eu chorei por quase um ano em meio a esses xixis da madrugada. E a barraqueira me aconselhou todas as vezes.

Meu bem, **se a tristeza te conta que algo ou alguém está te fazendo mal, acredite nela**. Afinal, ela não vem à toa. Ela é folgada e pentelha, mas não está nesse mundo a passeio. Ela tinha algo importante a me dizer. E eu, um dia, finalmente, ouvi.

Sobre tudo o que eu não vou te dizer

EU NÃO VOU PEDIR PARA VOCÊ SE ACALMAR. Muitas vezes, nós perdemos as estribeiras mesmo, e tudo bem.

Eu não vou pedir para você pensar positivo, porque eu sei bem que otimismo, muitas vezes, é um jeito bobo de economizar nossas sinapses – afinal, precisamos pensar um bocado para elaborarmos algumas questões, e dizer que "vai ficar tudo bem" é também uma forma de dizer "eu não quero pensar sobre isso agora".

Eu não vou dizer que as dificuldades vão forjar um caráter vencedor, porque, frequentemente, os vales da vida nos deixam traumatizados, assustados e carentes. A fibra e a solidez da sua personalidade podem até vir, mas às custas de alguns nervos em parafuso.

Eu não vou dizer "não fique assim". Afinal, se você está sofrendo, é porque existe algo que se agigantou diante do seu ego. Não há como ficar indiferente a um gigante. Então, na boa, fique assim, e tudo bem.

Eu não vou dizer para enxugar as lágrimas ou para jogar água fria no rosto. Você já leu, aqui neste livro, sobre como as lágrimas são preciosas demais para serem varridas do rosto com os nossos dedos, mãos, antebraços e mangas de blusas. Se você não tiver prestado atenção suficiente a tudo o que eu disse sobre as lágrimas, volte alguns capítulos e leia novamente. E de novo. E mais uma vez, até que você se aproprie disso.

Eu não vou dizer que será fácil abrir a porta para a sua tristeza, porque vai ser horrivelmente doloroso. Vai sangrar a alma, vai incomodar demais. Mas que vai te curar, isso vai.

Eu não vou dizer que o aprendizado que virá depois será o suficiente para podermos chamar essa fase triste de *linda*. Na verdade, muito provavelmente, será uma fase bem feia mesmo, em que você terá a pior aparência física que já teve (porque a tristeza faz a gente se largar por um tempo), e você perderá um tantão do brilho do seu olhar. Tem coisa mais feia do que um olho opaco, escuro, fundo como um buraco cavado com broca? As coisas não serão bonitas, meu bem. Achei bom avisar.

Eu não vou dizer que as pessoas entenderão a fase dura que você está atravessando. Muita gente jamais entenderá. Só quero que se lembre do principal: é fundamental que **você** se entenda. Não se esqueça disso.

Eu não vou dizer que ficar sem dormir direito será algo tranquilo de superar. Que atire a primeira pedra a criatura que jamais tiver dado uma patada no coleguinha em função do mau humor que a privação de sono traz. De fato, não é muito viável ficar feliz e ser uma fofura de pessoa quando se está com o sono todo zoado. Portanto, aperte os cintos, porque a fase triste vem com esse bônus bem bosta: a insônia, a terrível insônia.

Eu não vou dizer que a tristeza terá a mesma rotina, toda vez. Cada visita dela será de um jeito, será singular. Por vezes, ela vai ficar só por algumas horas, vai tomar um cafezinho e vai embora sem fazer muita bagunça. Em outras ocasiões, ela vai se hospedar por mais tempo. E vai ser um saco o período em que vocês se estranham, até, finalmente, conversarem. Tenha paciência nessas fases mais prolongadas. Se ela está acampada e de mala e cuia desta vez, é porque os conselhos que ela tem para dar precisam ser muito bem-pensados. Deixe que a sua tristeza pense.

Eu não vou dizer que tudo vai ser poesia. Não vai. Alguns dias serão de punk-rock mesmo, e esteja ciente de que eles não durarão para sempre. Dias de chuva, dias de sol. Só não se esqueça de observar bem em qual dia você está: seja para pegar a capa de chuva, seja para colocar uma roupa mais leve. Responda às suas emoções, responda ao dia. Adapte-se.

Eu não vou dizer que ficar triste é gostoso, porque não é. Ficar triste – como eu escrevi na primeiríssima linha deste livro – é uma merda. Use essa fase estranha para se conhecer, para crescer, para mudar. Afinal, a tristeza é inconveniente, mas tem uma sabedoria ímpar. Faça bom proveito disso.

Quando me pediram para esquecer alguém inesquecível

EU TINHA DEZESSEIS ANOS e, como já disse em um capítulo anterior, tinha o juízo de um frango.

O Fulano foi apresentado a mim em uma festa, por amigas minhas, que o conheciam havia algum tempo.

Ele tinha cara de "gente boa", e fiquei, imediatamente, com vontade de trocar ideia com ele – coisa que, para mim, é um milagre. Eu sou bastante seletiva na hora do papo furado, mas fui demais com a cara dele.

Papo vai, papo vem, e o Fulano começou a demonstrar outras intenções além das de conversar e dar risada. Ele queria ficar comigo e, confesso, a cantada dele era péssima! Zero habilidade na arte do xaveco! E eu, que não me sentia nem um pouco atraída por ele nesse sentido, perguntei se poderíamos ser amigos, em vez de ficantes. E conversamos até a tal festa acabar.

A gente fazia de tudo juntos: íamos buscar nossas amigas mais novas no colégio (porque ele era mais velho que eu e já dirigia); íamos buscar meus exames de sangue do check-up que a minha ginecologista tinha me pedido (e, certa vez, fomos comemorar com um lanche famoso na cidade o fato de eu estar saudável); ele me levava nos lugares; me buscava nas baladas, até nas que ele nem estava, porque tinha preferido ir a outra; a gente comia pastel juntos e fazíamos campeonato de peidos depois (sim, você leu certo: campeonato de peidos, dentro do carro dele, com os vidros fechados); a gente conversava sobre as desilusões amorosas, sobre as pessoas nas quais estávamos interessados, sobre os pés na bunda, sobre as ficadas que rolavam; a gente tomava sorvete com tralhas em cima (jujubas, confeitos de chocolate e cobertura), e eu pegava a maior quantidade de guloseimas, enquanto ele misturava os sabores mais improváveis na mesma casquinha; a gente falava sobre os nossos sonhos, sobre o futuro, sobre a nossa vida tão no auge da adolescência.

Ele era um grande amor, um enorme amor, o meu melhor amigo.

Muita gente achava que a gente se pegava, de tanto que andávamos juntos por aí. Cidade pequena é uma merda no que diz respeito às fofocas, e as pessoas sempre achavam que existia algo que nunca existiu. O Fulano era o irmão que eu não tive – porque só tenho uma irmã. O Fulano era um super parceiro, muito engraçado e eu sentia que podia contar com ele para tudo.

Ao findar dos meus dezessete anos, me mudei de cidade, e nós choramos demais quando nos despedimos um do outro. Era como se eu estivesse deixando um pedaço de mim, porque ele fazia parte de tanta coisa no meu dia a dia! Ele me chamava de *irmã*, eu o chamava de *irmão*. E eu ainda me lembro do abraço que ele me deu no aeroporto.

O tempo passou, e a gente conseguiu manter o contato. Porém, nosso vínculo foi perdendo a força, quase como uma pedra de sal que vai se dissolvendo ao ficar mergulhada na água por tempo demais. Falávamos por telefone, por e-mail e por cartas (sim, acreditem: cartas!), mas a falta que a rotina nos fazia era colossal.

Como estávamos acostumados a sempre estarmos fisicamente juntos, indo para os lugares, voltando dos lugares, um indo na casa do outro, ele dormindo de boca aberta no meu sofá porque estava de ressaca, e eu dando opinião sobre as roupas que ele experimentava no shopping, consigo afirmar que a distância geográfica nos atrapalhou demais.

Eu estava vivendo a fase mais dura de grana de toda a minha vida, e não tinha muitas condições de visitá-lo. Então, ficávamos restritos aos papos por telefone – que foram se espaçando cada vez mais.

Eu comecei um relacionamento sério, fui morar junto com o tal parceiro e fiz questão de frisar que eu tinha um melhor amigo. Afinal, eu não queria que o meu companheiro amoroso tivesse ciúmes do Fulano, e deixei muito claro, desde o início, que a minha amizade era inegociável. Sendo assim, mesmo comprometida e levando uma vida a dois, me sentia muito à vontade para me pendurar ao telefone por horas para jogar conversa fora com o Fulano. E esses momentos me faziam muito feliz.

O Fulano também assumiu papéis de destaque na vida do meu filho, ocupando uma posição privilegiada que, aqui, vamos chamar apenas de *titio*. Tudo lindo até aí.

Entretanto, conforme os anos foram se passando, a toada da vida se encarregou de nos afastar, gradualmente: as rotinas eram diferentes, tínhamos nossos empregos, e as conversas ao telefone foram acontecendo com intervalos cada vez maiores. Havíamos nos tornado adultos, e estávamos conhecendo o quanto a maturação da vida pode servir como um muro que nos separa das pessoas. Tínhamos crescido.

Certa vez, com a aproximação do feriado de Nossa Senhora Aparecida – ocasião em que também se comemora o Dia das Crianças – o Fulano me disse que gostaria de nos visitar. Eu morava com meu companheiro e meu filho, e quase tive um treco de tanta alegria! Finalmente nos veríamos outra vez!

Meu parceiro e eu tínhamos empregos com escalas bem complicadas, e revezávamos os finais de semana trabalhados, a fim de que sempre houvesse um de nós para cuidar do doce menino que, à época, tinha três anos de idade. Nunca conseguíamos folgas simultâneas nos sábados, nem nos domingos. E posso afirmar que foi quase um parto conseguir que estivéssemos livres no mesmo dia, para podermos receber o Fulano em nossa casa. Muita ginástica de agenda depois – e alguns desentendimentos com colegas de trabalho também –, finalmente estávamos organizados para a vinda do visitante!

Liguei para o Fulano, perguntando se estava mesmo tudo certo, e dizendo que havíamos conseguido as folgas no final de semana combinado. "Tudo certo, relaxa", ele disse. Batemos um papo ótimo de pouco mais de meia hora, e desligamos a chamada para voltarmos à rotina da vida adulta. E aí ele sumiu.

Como assim ele sumiu?, você deve estar se perguntando. Bem, ele parou de me ligar e parou de me atender. Inicialmente, eu achava que se tratava de uma fase mais atribulada no trabalho, ou de algum outro pepino da vida sobre o qual ele, certamente, falaria comigo quando estivéssemos juntos no dia 12 de outubro daquele ano.

Mas os dias foram se passando e, à véspera da vinda dele, preocupada com o sumiço persistente desse meu irmão, decidi falar com a mãe dele e entender o que estava acontecendo.

A mãe dele era uma querida. Ainda deve ser, porque um coração bonito daquele jeito não se perde com o tempo. Ela sempre foi doce, educada e elegantérrima, e eu tinha um carinho imenso por ela.

"Oi, tia. Você sabe do Fulano? Ele viria para cá amanhã, mas parou de me atender. Está tudo bem?"

"Oi, Ju, querida", ela sempre me chamava assim. "O Fulano está bem, sim. Não sabia que ele iria para aí, que estranho. Vou pedir que ele te ligue assim que possível, tudo bem?"

"Tudo bem, tia. Muito obrigada."

Ele me ligou apenas no dia seguinte – que era o tal dia em que ele estaria chegando à minha casa – e explicou que estava com vergonha demais para ter me avisado que não viria. Ele havia se desorganizado com grana e com outros compromissos, mas estava faltando coragem para que ele me dissesse isso com o mínimo da antecedência considerada digna.

Ouvi tudo, calada pelo nó que apertava a minha goela, pensando em meios de não mandá-lo para a puta que pariu. Obviamente, não houve meio que pudesse ter dado conta, porque foi exatamente para a PQP que eu o mandei.

Estávamos de folga para recebê-lo. Estávamos preparados, ele não. E, para coroar a situação, o meu filho – que já falava à época – perguntou: "Cadê o titio?".

Aí, meu bem, foi "o fim de Laurinha", e eu pedi ao meu amigo-irmão que se afastasse.

Dois anos se passaram, e eu pensei nele todos os dias. Me enganar já era sacanagem, mas enganar meu filho pequeno era, simplesmente, demais para a minha cabeça.

Em um belo dia de calor – eu me lembro de o termômetro de rua ter marcado 45 graus diante dos meus olhos –, meu celular tocou. Número desconhecido, que estranho. *Deve ser alguma cobrança,* pensei, porque eu estava endividada até a tampa da minha cabeça naquela época.

"Alô."

"Oi."

"Ah! Oi, irmão."

E nos penduramos naquela ligação por uns quarenta minutos. Ele começou pedindo desculpas, e eu, morta de saudade, é claro que aceitei. Nos atualizamos sobre a vida, e ele me contou que estava noivo! Disse que tinha encontrado o amor da vida dele e ficou longos minutos narrando como ela era maravilhosa.

E eu tenho absoluta certeza de que ele ainda a ama desse jeito, mesmo tantos anos depois.

Ele me convidou para ser madrinha, eu chorei. Convidou meu filho – "sobrinho" dele, que ele só havia visto cinco anos antes – para entrar na igreja com as alianças, e eu chorei mais ainda.

Que lindo isso! Como eu fiquei feliz!

Papo vai, papo vem, e contei para ele que eu estava em processo de término do meu relacionamento. Eu estava sofrendo muito, as coisas estavam difíceis e meu filho ainda era bem criança.

Ele me ouviu, me disse algumas palavras de força e incentivo, falamos sobre mais algumas coisas e desligamos.

Depois desse dia, passamos a nos falar quase sempre outra vez. Como nos velhos tempos, eu contava tudo para ele, e ele contava tudo para mim. Bem... ele me contava quase tudo. E ele contava quase tudo para a noiva dele também.

Ele e ela iriam passar pelo Rio de Janeiro – cidade onde eu morava – porque estariam embarcados em um cruzeiro que faria uma parada na Cidade Maravilhosa. Foi ele quem sugeriu que nos víssemos, e eu, prontamente, aceitei. Dessa forma, nos veríamos antes do grande dia, eu teria a oportunidade de abraçá-lo depois de cinco anos, eu poderia conhecer o amor da vida dele, e eles dois poderiam curtir o meu filhote de cinco anos de idade.

Tudo certo, combinado e, uma semana antes do dia em que eles chegariam ao Rio, ele sumiu outra vez.

O rolezinho foi parecido com o de dois anos antes: eu tentando falar com ele, que desta vez atendia, mas dizia que estava enrolado e que me retornaria; ou me mandava mensagem de texto (SMS), falando que me ligaria em breve.

Mais uma vez, meu filho perguntou sobre o titio, dessa vez com os olhos lacrimejando e fazendo biquinho com a boca, bravo comigo porque ele não iria brincar com o amigão, conforme eu havia dito que faria. À época, meu filho não entendeu que o titio havia nos dado o cano mais uma vez, e ele ficou aborrecido comigo por não termos ido encontrar o casal sobre o qual eu fiz uma super propaganda.

No dia em que eles estariam no Rio, silêncio. Nenhuma palavra. Nem ao menos uma. E, dias depois, ele me ligou. Disse que ele e a noiva haviam se desentendido em função da minha separação (oi?), porque ele havia omitido dela o fato de que eu estava ficando solteira – e isso, aparentemente, era um problema por lá. Ele ainda me disse que estava confuso (oi?) sobre a nossa amizade, porque não queria perder a noiva a quem amava profundamente. Me pediu para nos afastarmos por um tempo, e eu chorei tanto que mal consegui falar.

No dia seguinte, depois de ter passado a noite em claro, chorando feito uma desgraçada, liguei para ele a fim de propor que eu fosse visitá-los, levando meu filho comigo, para que a noiva do Fulano se sentisse mais segura. Mais uma vez, ele sumiu.

E foi aí que eu decidi fazer uma enorme cagada: liguei para a mãe dele. Afinal, eu precisava entender melhor o que estava acontecendo, e ela me conhecia, ela gostava de mim, ela me chamava de *querida*.

Olha, se arrependimento matasse, eu estaria cremada depois da ligação. Além de ter sido muito ríspida comigo, ela me perguntou algo que ainda ressoa na minha memória: "Você sempre o quis como homem, né, Juliana?".

Ah, não! Peraí! Ele "chegou" em mim, ele me viu como mulher e eu só o vi como um amigo, desde o primeiro dia. Ele havia mentido, ele havia feito um papelão com as promessas não cumpridas, ele havia partido o coração do meu filho – e o meu, é claro – e eu era obrigada a escutar que EU é quem tinha a responsabilidade por tudo isso, porque eu "o queria como homem"?

Chorando de ódio e incredulidade, eu disse que nunca havia sido da maneira como ela estava falando. E ela, com a maior calma do mundo, disse que eu precisava esquecê-lo e sumir da vida dele, porque ela queria vê-lo casado e feliz, e que ele só poderia seguir com a noiva se estivesse longe de mim.

Olha, Brasil, eu marchei até a tal porta nesse dia, girei a maçaneta com toda a convicção do mundo e disse para a tristeza: "Vem, pode entrar". Eu servi petiscos para ela, peguei roupa de cama para ela, engomei os lençóis que ela usaria, porque eu já sabia que ela ficaria por muito tempo – e eu, sinceramente, precisava chorar essa desilusão e as anteriores também, porque sentia que ainda não havia chorado o suficiente pelo fato de o meu melhor amigo, o meu irmão, ter se convertido em um cretino. Me senti injustiçada, e é pavorosa a angústia que chega quando nos percebemos em uma situação que somos maltratados sem qualquer razão que seja suficiente. É de revirar as entranhas. **Você já se sentiu assim?**

E eu afundei nas minhas lágrimas por um mês inteirinho.

Certa vez, na primeira semana desse luto pelo amigo perdido, chorei tanto no horário de trabalho que o meu chefe perguntou se eu estava com conjuntivite, de tanto que os meus olhos estavam vermelhos e inchados.

A moça da limpeza perguntou se eu estava gripada, porque eu assoava o meu narigão o dia inteiro, de tanta meleca que se acumulava por eu estar constantemente aos prantos. Juro que precisei ir ao mercado ali perto para repor o papel higiênico do escritório – que havia acabado, de tanto que eu chorei.

Dessa vez, a tristeza abraçou o meu filho também. E, sabe, foi muito duro vê-lo, pela primeira vez, de coração partido por alguém.

Ele já havia se decepcionado com um brinquedo quebrado, ou com um giz de cera partido ao meio, mas essa havia sido a primeira vez em que ele estava magoado porque alguém o feriu. É claro que o tal "titio" era bem mais do que isso. Ele tinha um papel muito mais profundo na vida do meu filho. Eu apenas não posso escrever abertamente sobre isso.

E isso foi um soco de angústia na minha cara.

Em 2022, o Fulano me seguiu na rede social. Falamos sobre nada demais, apenas amenidades, e ele comentou sobre a minha carreira em Psicologia. Em 2023, ele mandou uma mensagem bacana de aniversário para o meu filho (que já é adolescente). E só.

Hoje, tantos anos depois, posso dizer que essa foi a maior decepção que já tive na vida. Mas sei que a tristeza me ensinou muitas coisas enquanto esteve acampada na minha casa: ela me disse, repetidas vezes, que a gente não deve implorar por nada. **Que implorar significa dar um pedaço grande demais de nós mesmos, enquanto esperamos uma migalha do outro.**

A barraqueira me ensinou a valorizar quem me quer por perto, e foi chorando que entendi que eu merecia ser amada por amigos e amigas; eu merecia que me contassem a verdade; eu merecia que demonstrassem respeito pelo meu filho; e que eu merecia, sem sombra de dúvidas, seguir adiante.

Assim eu fiz.

A profissional do barraco

QUANDO EU DISSE, NO TAL "POST DE MILHÕES", que a tristeza é barraqueira, não era exagero: ao menos uma vez na vida, todo mundo já foi vítima do inferno que ela pode causar caso a porta permaneça trancada.

A gritaria não se instala de uma hora para a outra, não. A tristeza vai se emputecendo, vai se expressando aos poucos, e a coisa escala de um resmungo para um barraco digno de chamar a polícia.

Primeiro, você finge que ela não está ali. Você tenta se distrair com absolutamente qualquer coisa, nem que seja lendo um rótulo de shampoo, para não dar chance para ela invadir os seus miolos.

Tecnicamente, você já está triste, então esse teatro todo é inútil. Aliás, ele só piora as coisas, porque quanto mais a tristeza espera no corredor, mais manhosa ela vai ficando.

Você tenta sair de casa, porque ouviu, desde sempre, que "dar uma voltinha faz bem". E faz mesmo, mas você falha ao não considerar que a tristeza irá junto. Ela segue você, tipo uma *stalker*, por onde quer que você vá. Mas ela, inicialmente, é tão discreta! Dá até para se esquecer que ela está ali!

Vez ou outra, você a nota, mas ela está tão quietinha que faz você presumir que irá embora logo.

A tal "voltinha" foi bacana, mas você não estava completamente à vontade. O passeio foi bom para espairecer, o café com a amiga deu um quentinho no coração, mas existia um vazio, um buraco, um furo na sua paz, tal qual aquelas mordiscadas que uma traça dá em uma camiseta de algodão (odeio traças!).

Você percebe que voltou para casa com um bem-estar menor do que supôs que teria. E isso leva você para o próximo estágio do entristecimento: o isolamento.

Já que sair e ver gente não foi um sucesso absoluto, você tenta seguir pela direção diametralmente oposta: ficar isolado, em casa, parece seguro e tentador. Afinal, se a nossa casa é o nosso oásis de paz, estaremos seguros de portas fechadas, certo?

Errado.

No começo da fase "BatCaverna", você até se ilude de que as coisas vão se ajeitar passivamente: basta ficar de boa, na sua, e a tristeza desistirá de rondar. Acontece, meu amô, que ela anda cheia de tralhas, pronta para encarar um mochilão de quantos dias forem necessários até que você abra a porta. A tristeza é resiliente.

Os dias passam de maneira tranquila no início: você assiste aquela série da qual ouviu a blogueira falando, coloca o *skin care* em dia, pega aquele livro empoeirado que tinha largado na metade (espero que você não tenha feito isso com este aqui!), vai dormir mais cedo. Até verduras você tem comido, e baixou um *app* de meditação guiada também. Tudo sob controle.

No corredor por detrás da porta, a barraqueira está totalmente acampada: ela mexe a gororoba em um fogareiro, e a comida fumegante fede demais – não que ela se importe com o que você vai pensar do menu dela. Ela tem barraca (o que daria um trocadilho idiota com o termo *barraqueira*, mas vou poupá-los disso), tem saco de dormir e uma manta surrada também.

Ela vive no luxo? Não. Mas ela sabe que é apenas uma questão de tempo até que o sofá da sua casa seja um plácido descanso para os pés fedidos que ela tem.

Sabe, acampar é uma delícia, muito gostoso mesmo: a natureza, o improviso divertido de pernoitar em uma tenda feita de lona e algumas varetas, a aventura de fazer xixi (e sabe-se lá mais o quê) em uma moita, o barulhinho dos grilos como canção de ninar. É, realmente, fantástica a experiência!

Porém, só é legal desse jeito porque dura pouco. Uma coisa é viver uma escapada da rotina em uma barraca de *camping*, outra coisa é a barraca ser a sua rotina. Se você morasse em uma tenda, seria bem provável que não achasse o seu lar tão extraordinariamente interessante. E a tristeza, por mais resiliente que seja, também não é muito entusiasta da vida no *camping* por um período muito prolongado. Na verdade, ela fica, a cada dia, mais desejante de se instalar em uma casa de verdade – no caso, a sua!

A gororoba dela já não está mais descendo pela goela como antes descia, e ela começa a perder a paciência. Você está em casa, e ela sabe disso.

Os nervos se esquentam, e ela começa a bater insistentemente na porta. Nada. Você se encolhe e respira com toda a concentração que tem, para não fazer nem o mínimo dos ruídos. Ela se aborrece por ser ignorada dessa maneira.

Aqui, nesta fase, acontecem as crises de ansiedade e a compulsão alimentar. Afinal, a sua angústia precisa desembocar em algum lugar, e que seja em uma caixa de donuts, ou em uma pizza quase inteira, ou em uma taquicardia que chega subitamente, acompanhada por uma coleção de pensamentos ruins, apocalípticos, pessimistas e insistentes.

Ah, meu bem! De tanto fugir da dor, você acabou indo direto para os braços dela, só pegou o caminho mais longo – o que é péssimo!

O primeiro soco na porta de madeira vem como um estrondo, e ela levanta a voz no corredor. Já é impossível fingir que a tristeza não existe e a tentativa de alienar-se em seriados começa a não surtir mais efeito, porque a voz estridente da barraqueira ecoa do outro lado da porta.

E se eu a deixasse entrar um pouquinho?, você pensa. *Ela ficaria por muito tempo, será?*

Você se lembra daquela prima que se hospedou na sua casa certa vez, transformando uma simples semana de sete dias em um eterno mal-estar de infinitas horas, de tão mala-sem-alça que ela foi. E você não está muito a fim de repetir a experiência.

Melhor não abrir a porta.

Infelizmente, ela não age como os carteiros – que registram a ausência do destinatário e seguem para a próxima casa. Ah, ela não! A gritaria vai crescendo, os socos na porta ficam cada vez mais potentes, e você se vê diante da impossibilidade de negá-la. Sim, meu bem, chegou a temida hora de destrancar a porta, girar a maçaneta e deixá-la entrar.

E assim você faz.

Este é o momento em que as lágrimas inundam o seu rosto, em que você sente uma dor tão cruel que chega a ser física, a hora em que você percebe que perdeu a batalha contra as suas emoções.

Sabe quando, por mais que tente, não dá para engolir o nó na garganta e você, violentamente, se sente nocauteado pela tristeza? Quando todos percebem que algo está fora do lugar na sua vida, porque a sua expressão facial entrega os litros de fluidos salgados que estão a postos nos seus canais lacrimais, prontos para, a qualquer instante, lavarem sua pele com gotas de dor líquida?

É doloroso demais quando a porta se abre. E ninguém, ninguém mesmo, se esquece do primeiro golpe que a tristeza dá quando passa pelo batente.

Inicialmente, parece que se trata de uma visitinha rápida, porque ela se lança no sofá e pede um copo d'água e um cafezinho fresco. Mas, ok, água e café são difíceis de negar mesmo.

Você vai até a cozinha, já calculando como vai fazer para se livrar dela até o pôr do sol. Porém, ao voltar para a sala, ela já montou a barraca no meio do cômodo, sujando seu tapete, espalhando coisas por todos os lados.

Meu Deus, mas eu só fui passar um café!, você pensa, enquanto avalia o estrago que a tristeza já fez em poucos minutos de estadia.

Você evita estar com ela, mas a presença da barraqueira já é insuportável, mesmo sem nenhum diálogo. O ar ficou pesado desde que ela entrou, e você tem odiado a casa que costumava chamar de lar. Agora está mais para um hostel de qualidade duvidosa, e você começa a entender que alguém precisará fazer o check-out: ou ela, ou você.

Conforme os dias se arrastam, você mal consegue caminhar pela sua própria casa, porque a tristeza deixa tudo jogado – que folgada ela é!

Você tropeça em coisas espalhadas pelo chão, e nem sabe dizer que objetos são aqueles, porque não se parecem com nada que você conheça ou reconheça.

Este é o período em que, de tanto sofrer, a gente parece ter ficado louco, porque tropeçamos na vida, nos esquecemos de compromissos, trocamos datas e nomes, deixamos a comida azedar na geladeira, nossos cabelos são arrebatados pela oleosidade de quem já não está mais tão interessado em tomar banho, e os dentes... ah! Os dentes! Eles passam a ver uma escova com creme dental a cada um dia e meio ou dois.

A tristeza desorganiza tudo.

Você mal dorme, mal come. Na verdade, tudo que você faz é malfeito, ou não feito, porque a sua única vontade é de chorar.

Você sente muita dificuldade de retomar aquele ritmo que sempre foi tão seu; não ouve mais as suas músicas e já nem canta no chuveiro; você, se pudesse, contrataria aquela robô dos Jetsons[5] para fazer tudo da casa, porque nem forças para lavar um copo sujo você tem.

---

5 Desenho animado criado em 1962 por William Hanna e Joseph Barbera, que trazia no enredo uma família futurista – que contava com naves espaciais e robôs para as tarefas cotidianas.

Seu quarto virou uma cripta, uma caverna, um lugar escuro que nunca mais viu você dormir. A sua cama, que um dia foi uma delícia da qual você morria de saudade no meio do expediente, virou um lugar sobre o qual você se deita para rolar de um lado para o outro, implorando para sentir um sono que seja suficiente para atravessar a madrugada de mãos dadas, levando você em segurança até a manhã seguinte. Mas você não sabe mais o que é descansar, porque demora a adormecer e, quando finalmente consegue, não dura mais do que uns quarenta minutos – e lá vai o seu sono, transformar-se em um cochilo. Você descobre que o seu corpo tem uma capacidade extraordinária de acordar um milhão de vezes durante a noite, e sente saudade, muita saudade mesmo, daquela época em que mal encostava os cabelos no travesseiro, e o sono já te arrebatava.

Sua vida virou um silêncio feio, incômodo, triste. O único barulho que se ouve de vez em quando é o da gaveta de pijamas sendo aberta e fechada, porque só de imaginar-se colocando um jeans ou calçando sapatos você já perde a coragem de viver. Seu maior desejo é o de livrar-se desse inferno de lágrimas, e o que resta é deitar-se em posição fetal e chorar até que o mundo se acabe.

A tristeza segue acampada na sala, e você se arrepende de tê-la deixado entrar. *Será que eu devia mesmo ter começado a chorar?*, você se pergunta. Até que surge uma ideia.

Você nunca foi uma pessoa boa de papo em meio a uma crise existencial. Aliás, você sempre preferiu lamber suas feridas em paz, na solidão, sem sustentar diálogos desnecessários. Mas a ideia de bater um papo com a sua tristeza parece, subitamente, uma ótima saída. Afinal, se ela tanto esmurrou a porta para entrar na sua casa, é provável que quisesse também uma companhia, e não apenas um teto sobre sua feia cabeça. Vale a tentativa.

Ao chegar à sala, você percebe que o lixo está espalhado por todos os cantos. O fedor da sujeira e da podridão invade as suas narinas, e você sente vontade de vomitar. *Concentre-se*, você pensa, *será apenas uma conversa rápida.*

Você não sabe como chamá-la, então fala um "ei!" muito desajeitado. Ela não se move, não te olha, e você fica reticente sobre continuar ou não a investir nessa aproximação.

Uma lembrança vem à sua mente: a da sua mãe te chamando pelo nome, geralmente porque uma bronca viria a seguir. Que curioso isso! Aprendemos desde tão cedo que quando alguém diz o nosso nome é porque estamos encrencados. O nosso nome passa a anunciar uma dor.

Você percebe que talvez tenha chegado a hora de chamar a sua tristeza pelo nome. Não porque você vá dar uns tabefes nela (bem que você queria, né?), mas porque ela merece um pouco mais de respeito. Afinal, é uma companheira de jornada, é uma presença constante, e ela está sob o mesmo teto que você.

— Tristeza, oi.

Ela se vira e te encara com os olhos mais lindos que você já viu. Uau! Ela é linda, quem diria! Você esperava uma bruxa ou algo assim, mas a expressão dela é doce, calma, profunda. E você percebe que quer, desesperadamente, conversar com ela por horas.

O papo é difícil, sofrido. Ela diz todas as verdades que você tanto temia ouvir. A tristeza é do tipo sincerona, e conta aquelas coisas duras que seus amigos não contariam, justamente porque ela não sente pena de você. Ela olha para você com brutal honestidade, tira a sua roupinha de ilusão e sussurra nos seus ouvidos os desejos não atendidos que ainda imploram por atenção.

Essa é a fase em que você, em meio a tantas lágrimas, consegue sorrir ao se olhar no espelho. É a fase em que você sabe que está mudando, é o período do qual você tem certeza de que vai se lembrar para sempre, porque é um divisor de águas mesmo. Você, estranhamente, passa a curtir essa tristezinha gostosa, porque é como se, a cada dia, você mergulhasse mais fundo dentro de si – e de lá trouxesse baús e barris cheios de tesouros. Você vai se tornando maior.

Depois de longas conversas, você dá um abraço na sua tristeza. Ela está ainda mais bonita, e você já consegue admirá-la.

A caminho da sua cama, você pergunta do corredor se a barraqueira quer mais alguma coisa, e avisa que irá tentar dormir um pouco. Ela diz que não precisa de mais nada e fala um "durma bem" que aquece o seu peito.

Você só se lembra de ter chegado aos seus travesseiros, do cheiro de amaciante nas fronhas e do toque gostoso do edredom. Você acorda calmamente, coisa que não fazia há tempos: nada de coração acelerado, nada de nó na garganta, nada de frio na espinha.

Na verdade, você está estranhamente feliz, com vontade de levantar-se e de fazer algo legal.

Você pega o celular e: meu Deus! Você dormiu a noite toda! Você mal consegue acreditar! Sua cama, provavelmente, também está muito surpresa pela sua permanência prolongada, já que você nunca mais tinha roncado baixinho como fez ou babado na beirada da fronha da maneira que babou.

Ao levantar-se, você tem uma estranha vontade de ir à sala para dar um "bom dia" para a tristeza. *Será que ela pernoitou bem?*, você se pergunta, e começa a considerar as opções disponíveis na geladeira para que vocês tomem um café da manhã bem gostoso.

Ao longo do corredor, tralhas jogadas e restos da gororoba que a barraqueira fazia sempre. *O que será que aconteceu?*, você questiona, enquanto anda devagar, pé ante pé, em direção ao tapete que adorna o centro da sua sala.

E lá está a grande reviravolta: a tristeza se foi. Você até a procura no banheiro, na cozinha – esperando que ela, ao menos, já tivesse adiantado o preparo do café – e na varanda também. Nada.

E que bagunça ela deixou! Certamente, você levará um tempinho para arrumar tudo, mas isso já não representa um grande problema, já que a sua disposição voltou e que a sua vontade de viver deu as caras novamente. Tudo bem ajeitar a casa para que ela vire um lar mais uma vez. Tudo bem se apropriar do seu espaço de novo. Agora você sente que consegue.

Dias se passam, e você está prestes a terminar a faxina. Só falta arrastar o sofá, limpar bem o vão debaixo dele e tudo estará em seu devido lugar novamente. E, ao puxar o pesado móvel estofado, você encontra um bilhete escrito à mão:

A você, que me recebeu,

Estou muito grata pela hospedagem nesses dias que se passaram. Pensei em recolher todas as tralhas, mas acho que você vai saber melhor do que eu onde guardar cada coisa – afinal, a casa é sua.

Obrigada por ter olhado para mim, me abraçado e escutado as tantas coisas duras que eu disse, porque eu sei que isso requer muita valentia. Espero que tenha entendido os conselhos que eu te dei, porque cada palavra foi dita pensando em tudo o que eu sei sobre você – e, acredite, é bastante coisa!

Cuide-se bem e boa sorte na faxina. Vai dar trabalho, mas a sua casa ficará aconchegante outra vez.

E, ah! Eu volto algum dia desses, tá? Ainda não sei quando, tampouco consigo dizer quantos dias ficarei, mas agora acho que você já pode demorar menos para abrir a porta. Me convide para entrar, porque eu odeio ficar no corredor. Você já sabe me receber, e sempre poderemos conversar outras vezes.

Para encerrar essa carta de despedida, um pedido simples, mas que significa muito para mim: por favor, não fale mal de mim para os outros. Eu já tenho uma péssima fama, e não quero ser lembrada como uma barraqueira, apenas. Conte aos outros sobre os meus olhos lindos, sobre o meu abraço quente, sobre a minha vontade eterna e indissolúvel de te ajudar a encontrar um caminho. Trate-me menos como a pedra e mais como a bússola que te avisou por onde seguir.

Numa próxima, prometo fazer menos bagunça.
Com carinho,

A sua tristeza
(que é barraqueira, mas que te quer muito bem)

Trate-a bem
Trate-se bem

ABRA A PORTA. Quanto antes, melhor.

Deixe que ela entre. Quanto mais naturalmente, melhor.

Permita que ela se instale. Quanto mais intensamente, melhor.

Fale com ela. Quanto mais honestamente, melhor.

Ouça o que ela disser. Quanto mais de peito aberto, melhor.

Permita que verdades dolorosas sejam ditas, de você para você mesmo. Quanto mais verdade, melhor.

Chore, se estiver de coração partido. Quanto mais livremente, melhor.

Não enxugue as lágrimas. Quanto mais elas rolarem pelo seu rosto, melhor.

Permita-se ser uma pessoa. Quanto mais gente você for, melhor.

Mude. Quanto mais profundamente, melhor.

Perceba o que não pode ficar na sua vida. Perceba quem não pode ficar também. Quanto mais transparência, melhor.

Permita-se algumas despedidas, porque elas, muitas vezes, são o preço a ser pago pela sua paz. Quanto mais amor-próprio, melhor.

Ame suas lágrimas. Quanto mais sinceramente, melhor.

Enxergue cada choro como um respiro da alma. Quanto mais honesto, melhor.

Permita-se expressar os seus sentimentos. Quanto mais legítimos, melhor.

Reconheça a partida da tristeza. Quanto mais sentir que sofreu o suficiente, melhor.

Relembre o que ela ensinou. Quanto mais carinhosamente, melhor.

Permita-se ocupar a cadeira de aprendiz diante de uma mestra que ensinou coisas preciosas. Quanto mais gratidão pelos ensinamentos, melhor.

Limpe a sua casa. Quanto mais no seu ritmo, melhor.

Recolha coisa por coisa. Quanto mais atentamente, melhor.

Permita-se encontrar os melhores lugares para cada tralha. Quanto mais calmamente, melhor.

Olhe para a sua casa. Olhe para você. Se veja no espelho. Quanto mais profundamente, melhor.

Sinta a delícia de estar em um lar novamente. Quanto mais aconchegante, melhor.

Permita-se desfrutar do prazer da sua própria companhia. Quanto mais você, melhor.

Pegue um pedaço de papel. Separe um ímã dentre os tantos que você tem ou pegue aquele único ganhado de presente – você já nem se lembra mais de quem. Rabisque a frase mais importante dessa jornada. Coloque o lembrete na porta da sua geladeira para olhar para ele todos os dias.

**A tristeza é uma visita.
Mas a casa ainda é minha.**

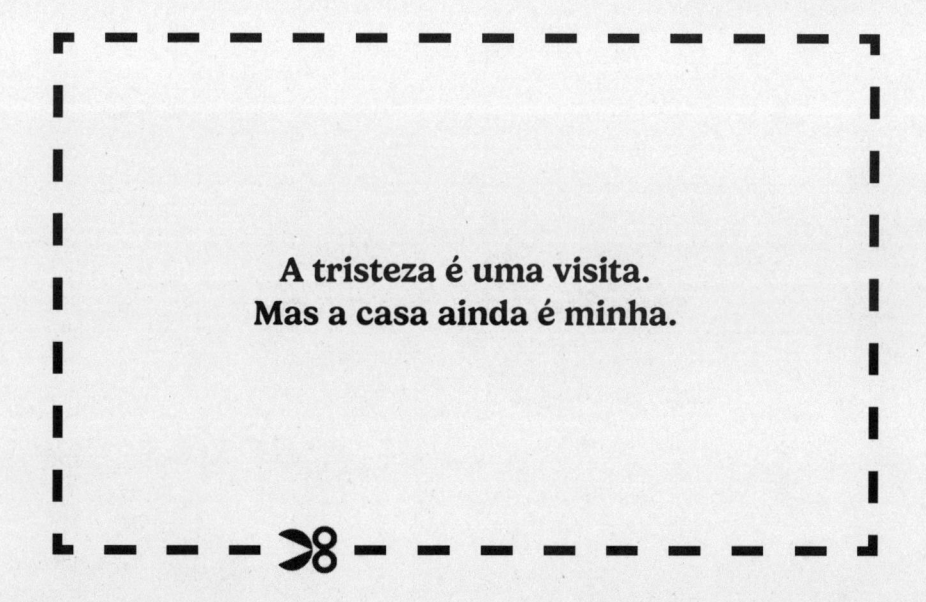

*Recorte esta frase e coloque na porta da sua geladeira!

FONTE Crimson Pro
PAPEL Pólen natural 80 g/m²
IMPRESSÃO Paym